카메라 렌즈로 날아든 새들

카메라 렌즈로 날아든 새들

초판 1쇄 발행 2021년 2월 25일

글·사진 김진수 | **그림** 이한아
펴낸이 이상훈 | **편집인** 김수영 | **본부장** 정진항
편집 한겨레아이들 | **디자인** onmypaper
마케팅 천용호 조재성 박신영 성은미 조은별 | **경영지원** 정혜진 이송이
펴낸곳 한겨레출판(주) 서울 마포구 창전로 70 5층 | **홈페이지** www.hanibook.co.kr
전화 02-6383-1602~3 | **팩스** 02-6383-1610 | **출판등록** 2006년 1월 4일 제313-2006-00003호

ISBN 979-11-6040-464-7   73490

- 값은 뒤표지에 있습니다.
- 이 책의 일부 또는 전부를 재사용하려면 반드시 저작권자와 한겨레출판(주) 양측의 동의를 얻어야 합니다.

몽골의 검독수리부터
우리 아파트의 황조롱이까지

글·사진 **김진수** 그림 **이한아**

카메라 렌즈로 날아든 새들

한겨레아이들

작가의 말

병아리 사진 기자 시절 청계산에서 본 큰오색딱따구리가 새와 첫 인연이었어요. 사진을 찍으러 간 숲에는 어미 새의 드러밍 소리가 한창이었죠. 운 좋게 아파트 황조롱이와 만난 뒤 신문과 잡지 지면에 새를 찍어 게재할 기회가 많아졌어요. 소셜미디어 계정에도 찍은 사진을 올리곤 했어요. 지인들로부터 "사진 재밌던데? 사진으로 다 표현하지 못한 내용은 글로 써 봐"라는 권유를 받았어요. 처음에는 용기가 나지 않았죠. 어쭙잖은 사진과 좌충우돌 취재담을 책으로 쓰기에는 어림없는 수준이었거든요.

새를 보러 다니는 게 번거롭거나 꼭 멀리 가야만 한다고 생각하는 사람이 많아요. 그래서 용기를 내봤어요. 이 책에는 주변에서 쉽게 볼 수 있는 박새나 곤줄박이를 비롯해 시베리아 오지까지 찾아가 만난 멸종위기종 검독수리와 흰꼬리수리에 대한 갖가지 사연과 좌충우돌 탐사 경험을 모았어요. 비좁은 위장 텐트에서 숨죽이며 새를 기다리던 긴장감과 시행착오를 겪으면서 여러 번 사진 찍기에 나섰던 일도 곁들였어요. 오랫동안 찍어 온 사진은 저만의 탐조 기록인 셈이에요. 개인적 기억이자 제법 가치 있는 생태 정보가 담겨 있기도 해요. 항상 조심스럽게 다가가 새와 눈높이를 맞춰 찍어 내려고 했어요. 책의 1장은 집 안, 회사 옥상, 시골 마을 뒷

산에서 만난 새 이야기예요. 멀리 가지 않아도 우리 주위에서 많은 새를 만날 수 있었거든요. 국내 유명 철새 도래지에서 새를 만나는 여정이 2장, 그리고 마지막 장에는 몽골과 러시아 알타이 지역 탐조 여행을 하며 본 새들의 이야기를 담았어요.

새를 보자마자 바로 마음에 드는 사진을 찍은 경우는 운이 좋은 날이에요. 새로운 종을 만날 때는 서너 번씩 다시 찾아가는 시간과 노력을 들였어요. 성급하게 다가서려고 욕심을 내는 순간 새는 먼저 달아나요. 새가 놀라지 않게 조심스럽게, 천천히 살금살금, 자세를 낮춰 찍어야 해요. 여유를 가지고 대하면 겁 많던 새가 먼저 다가오기도 했어요. 같은 장소를 여러 해 동안 몇 번씩이나 찾아가기도 했어요. 힘들 때도 있었지만 새를 보러 나가는 길은 늘 설렜어요.

관심이 생기면 알고 싶어지고, 또 아는 만큼 보인다고 하잖아요? 자연에서 새를 관찰하고, 사진을 찍는 일도 그래요. 시간을 두고 지켜보면서 천천히 다가가 보세요. 새도 멋진 포즈를 잡을 거예요.

2021년 2월

김진수

-차례-

작가의 말
4

우리 곁으로 찾아온 새들

1 수리부엉이가 부르는 이중창
12

2 아파트 발코니 황조롱이
26

3 주유소 복조리 제비
34

4 옥상 공원에 찾아온 손님
44

5 트럭에 둥지를 틀었다고?
54

6 나는 황새 만황이에요
64

국내 철새 도래지를 찾아서

2

1 두루미야, 밤새 추웠지?
76

2 흰꼬리수리의 운수 좋은 날
86

3 뿔논병아리의 수상 가옥 촌
94

4 다리 잃은 장다리물떼새
106

5 물 마시러 가는 길이 너무 무서워요
114

6 빼어난 은신술, 호사도요
124

몽골·시베리아·알타이 탐조 여행

1 아홉 마리 큰고니 가족의 행진
136

2 3일의 기다림 끝에 다시 만난 검독수리
146

3 쇠재두루미의 헤진 날개
156

4 아득한 절벽 위의 생존
168

5 작별 없이 떠난 먹황새를 만나다
178

6 카리스마 넘치는 맹금류를 찾아서
188

내 이름은 무엇일까요?

우리 곁으로 찾아온 새들

①

1 수리부엉이가 부르는 이중창

날씨가 선선해지면 김포 굴바위산에는 수리부엉이가 부르는 이중창이 들리기 시작해요. 동네 주민들이 저녁을 먹고 누울 때쯤 커다란 소나무 위 수컷이 먼저 짝을 불렀어요. '부엉부엉' 굵고 낮은 톤으로 소리를 냅니다. 이번에는 반대편 어두운 숲에서 '우엉우엉' 하며 화답하는 소리가 들렸어요. 상대적으로 가는 소리에 높은 톤을 가진 암컷이었어요. 암컷이 먼저 높은 목소리로 부르면 수컷이 굵고 낮은 소리로 답가를 하기도 했어요.

한동안 들리지 않았던 수리부엉이의 구애 울음이 다시 들리기 시작한

수리부엉이(천연기념물 제324호)가 김포 굴바위산 둥지 근처 나뭇가지에 앉아 있다. 편편한 얼굴에 커다란 눈을 가진 올빼미과 맹금류 중 수리부엉이의 덩치가 가장 크다. 낮에 다른 동물의 눈에 잘 띄지 않게 숲에 앉아 쉬던 새는 어두운 밤이 되면 사냥을 한다.

카메라 Canon EOS 5D MarkIV 조리개 F11 셔터 속도 1/1000s ISO 1600 렌즈 70-200mm

어미 수리부엉이가 잠시 둥지를 비우는 바람에 둥지의 알이 드러났다.

Gopro HERO5 F/2.8 1/337s 100

지는 얼마 되지 않았다고 해요. 마을 뒷산이 민둥산이 되면서 한동안 새가 숲에 날아오지 않았거든요. 나무가 제법 자라고 숲이 만들어지자 새들이 다시 돌아왔어요. 김포 굴바위산에 수리부엉이 부부의 사랑의 세레나데가 울려 퍼지면서 가을이 깊어갔어요.

말로만 듣던 수리부엉이를 처음 본 것은 몇 년 전이었어요. 무척 추운 날이었어요. 굴바위산 숲 한가운데 커다란 바위 절벽 위에 새가 웅크리고 앉아 있었어요. 바위 색과 비슷해 처음엔 새가 있는 줄도 몰랐어요. 황갈색 바탕에 검은색과 진한 갈색의 세로줄 무늬를 가진 깃털은 겨울 숲 색과도 비슷했어요. 차디찬 바위 위에서 수리부엉이는 알을 품는 중이었어요. 동네 어르신 말씀에 따르면 수리부엉이는 겨우내 추위를 무릅쓰고 알을 품는다고 해요.

바위 절벽 아래 조금 움푹한 바닥에 흙이 깔린 곳을 찾아 알을 낳았어요. 어미는 겨울 추위 속에서 알의 온기를 지켜 내기 위해 안간힘을 썼어요. 알을 품을 무렵 암컷은 자신의 가슴팍에서 털을 뽑아 맨살을 드러내요. 어미의 따뜻한 체온이 알에 직접 닿게 하기 위해서죠. 알을 품고 있는 바위에 올라가 보면 어미가 뽑아낸 털이 주위에 흩어져 있었어요. 어미의 풍성한 깃털은 추위로부터 알의 온기를 지켜 낼 수 있게 도와줘요. 차가운 날씨에도 알의 체온을 빼앗기지 않도록 따뜻한 이불 역할을 하는 셈이에요. 둥지는 다행히 볕이 잘 드는 쪽에 자리잡고 있었어요.

수리부엉이를 본격적으로 관찰하기 위해 둥지에서 50여 미터 떨어진 건너편 산 중턱에 위장 텐트를 만들었어요. 사진 찍기에 좀 멀었지만 숲에서 둥지를 지켜볼 수 있는 유일한 장소라 어쩔 수 없었어요.

어미는 한겨울 추위에도 차디찬 바위 위에서 알을 품고 있을 거예요. 함박눈이 내리고 온몸에 하얗게 눈이 쌓인 날도 꿈쩍없이 둥지와 알을 지키고 있을 테죠. 알에서 갓 부화한 새끼는 얼마나 귀여울까요. 뽀얀 솜털을 가진 어린 새는 처음엔 눈을 뜨지 못하고 머리를 가누지 못하면서도 어미 품을 파고들겠죠. 나는 겨우내 그 텐트에 숨어 둥지를 지켜보며 수리부엉이를 관찰할 계획이었어요.

수리부엉이 암컷은 알을 품고 새끼를 먹이는 육아를 도맡고 수컷은 사냥을 해 온다고 해요. 밤이면 먹잇감을 사냥한 수컷이 커다란 날개를 접으며 둥지로 날아드는 모습도 지켜볼 수 있을 거예요. 수컷이 잡아 온 먹이를 어미는 새끼에게 먹일 거예요. 캄캄한 밤에 주로 활동하는 수리부엉이의 신비스러운 모습부터 고달픈 육아의 고충까지 치열한 야생의 삶을 고스란히 카메라에 담고 싶었어요.

그 소망을 이루기 위해서는 인내의 시간과 수리부엉이에게 내 모습을

아직 솜털이 보송보송한 어린 새가 어미와 함께 있다.

GoPro HERO5 F/2.8 1/4s ISO:800

들키지 않아야 하는 수고가 필요했어요. 수리부엉이와 숨바꼭질하듯 새벽에 위장 텐트에 몰래 숨어 있다가 해가 진 뒤에나 숲을 나오는 생활이 시작됐어요. 혹시 어미가 눈치챌까 봐 둥지에서 먼 길로 돌아서 다녀야 했죠.

어미 새는 거의 꼼짝 않고 둥지에서 알만 품고 있었어요. 해가 따뜻한 날에는 알을 품으며 꾸벅꾸벅 졸기도 했죠. 위장 텐트 안에서 어미 새가 둥지를 드나드는 장면을 본 건 거의 손에 꼽을 정도였어요. 알을 품다 놀란 새가 둥지를 비우면 더 조바심이 났어요. 알이 식어 버리면 어쩌나 하는 걱정이 들었기 때문이에요. 불안을 느낀 어미 새가 알을 버리고 번식을 포기할 수도 있어 결국 촬영을 포기하고 숲에서 나올 수밖에 없었어요. 다행히도 침입자가 둥지에서 멀어진 것을 확인한 새는 알 품기를 멈추지 않았어요. 텐트를 친 곳은 둥지와 너무 멀어 조명을 이용해 야간에 수리부엉이의 모습을 지켜볼 여건도 안 됐거든요.

나중에 알았지만 새는 숲에 사람이 발을 들이는 순간 이미 '침입자'의 존재를 눈치채고 있었어요. 눈을 감고 앉아 졸던 어미는 아주 작은 소리라도 나면 눈을 번쩍 뜨고 주변을 두리번거리기 시작했거든요. 조심성 많은 고라니가 둥지 주변을 오가기만 해도 귀를 쫑긋 세우고 좌우 위아래로 머리를 돌려가며 낙엽 소리를 추적하기도 했고요. 아마 낙엽 소리만으로도 누가 숲으로 들어오는지, 아니면 숲 밖으로 나가는지 구별해 내는 듯했어요. 수컷도 굴바위산 숲 입구에 있는 나무에 앉아 보초를 서고 있어 한눈에 볼 수 있었어요. 수컷은 둥지와 알을 품고 있는 암컷을 지켜보면서도 숲 전체를 감시할 만한 곳에 주로 자리를 잡았어요.

고심 끝에 둥지 옆에 무인 카메라를 설치했어요. 성능이 조금 떨어져도 작은 카메라로 골랐어요. 둥지 주변에 카메라를 설치하면 어미는 경계심을 갖기 마련이에요. 성능보다는 크기를 우선시해 카메라를 고른 이유죠. 카메라를 설치한 뒤로는 둥지 주변 출입도 최대한 자제했어요. 다행스럽게 새는 카메라에 금방 익숙해졌어요. 거의 경계심을 갖지 않고 움직이는 것 같았어요.

무인 카메라 셔터는 일정 간격을 두고 자동으로 작동하게 했어요. 1초당 한 컷 또는 5초에 한 컷씩 찍히도록 조정할 수 있어요. 한 번 설치하면 40시간 정도 작동하는 카메라에는 128기가바이트 용량의 저장 장치에 무려 4

수리부엉이가 카메라에 가까이 다가오면서 클로즈업 사진이 찍혔다. 새는 겨울 추위를 견뎌낼 수 있을 만큼 풍성한 깃털을 가졌다. 주황 빛을 띤 노란색 눈에 둥지 맞은편 숲이 비친다.

GoPro HERO5 F/2.8 0.16s ISO:282

수리부엉이 수컷이 먹이를 물어 암컷에 넘겨주고 있다.
수리부엉이가 어둠 속에서 사냥할 수 있는 능력은 무엇보다도 뛰어난 청각 덕분이다. 양쪽 높이가 다른 비대칭 귀로 소리의 출처를 입체적으로 수집할 수 있기 때문이다. 덕분에 어둠 속에서도 먹잇감의 위치를 정확하게 파악할 수 있다. 또 평생 한곳에서 사는 텃새로 서식지 주변 사냥터와 지형 지물에 대해서도 잘 알고 있다. 한밤중에도 장애물을 피해 날아다닐 수 있다. 또한 소리를 내지 않고 비행하는 능력을 가지고 있다. 먹잇감은 수리부엉이가 날아오는 소리를 전혀 들을 수 없다. 뛰어난 청력으로 먹잇감을 포착한 뒤 어둠을 틈타 먹잇감에 들키지 않게 날아 날카로운 발톱으로 먹잇감을 낚아챈다. 수리부엉이가 '밤의 제왕'으로 군림하고 있는 이유다.

GoPro HERO5 F/2.8 1/3s ISO:800

만 컷을 가득 담을 수 있었어요. 물론 날씨와 배터리 상태에 따라 약간의 차이는 있지만요. 무인 카메라는 밤의 제왕 수리부엉이의 모습과 숲의 아름다움을 고스란히 기록했어요.

숲의 하루는 둥지 맞은편 산 너머 하늘이 서서히 밝아오면서 시작됐어요. 안개가 자욱한 어느 날에는 숲속 친구 고라니가 둥지 가까이 다가와 서성거리다 갔어요. 불청객 까마귀는 호시탐탐 어린 새의 먹이를 노리고 있어 어미 새와 신경전을 버리기 일쑤였죠. 귀염둥이 박새도 둥지 앞에 자주 모습을 드러내는 친구였어요. 어미에게 먹이를 조르던 솜털이 보송한 새들은 귀여움을 떨기도 했어요. 어미 품에서 장난치듯 연신 폴짝거리다가 까치발로 머리를 치켜들고 어미 얼굴에 뺨을 비비기도 했어요. 수컷은 깊은 밤 먹이를 물고 둥지로 들어왔어요. 알과 새끼를 도맡아 품는 암컷은 풍성한 깃털 덕분에 덩치가 더 크고, 사냥을 담당하는 수컷의 몸매는 날렵해 보였어요. 사냥에 성공한 수컷은 가족과 함께 지낼 시간도 없이 먹잇감만 건네주고는 또다시 숲으로 나갔죠.

눈으로 직접 보면서 사진을 찍는 것이 아니다 보니 아쉬운 점도 있었어요. 밤새 찍힌 사진을 살펴 보니 어린 새가 목을 길게 내밀고 침을 흘리고 있었어요. 목에 뭐가 걸렸는지 계속 캑캑거렸어요. 한참 괴로워하던 어린 새는 소화가 되지 않은 새의 발을 통째로 뱉어 냈어요. 어미가 먹잇감을 손질하며 잘라 낸 것을 어린 새가 몰래 삼켰던 모양이에요. 삼키는 장면이 없었는데 난데없이 커다란 발을 토해 내니 놀랐었죠.

한번은 새 꼬리만 무인 카메라에 찍혀 있었어요. 둥지에서 나가는 장면이었어요. 5초 간격으로 설정해 둔 카메라 셔터 때문에 사냥에 성공해 둥지로 들어오는 장면을 놓친 거였어요. 작업을 시작한 지 얼마 안 됐을 때였는데 수컷을 찍지 못해 조바심을 내고 있었거든요. 입에 먹잇감을 물고 있는 암컷이 찍힌 사진으로 겨우 당시 정황을 짐작할 수 있었죠.

가을밤에는 수리부엉이 부부의 소프라노와 바리톤 이중창에 귀 기울여 보세요. 겨우내 암컷은 바위 위에서 알을 품고 수컷은 숲에서 망을 보겠지요. 따뜻한 봄날에는 어미 품에서 반쯤 몸을 낸 새끼가 볕을 쬐며 긴 하품을 하고 있을 거예요.

카메라에 찍힌 사진처럼요.

어미 품에서 볕을 쬐던 어린 새가 긴 하품을 하고 있다.
GoPro HERO5 F/2.8 1/1869s ISO:400

2
아파트 발코니 황조롱이

55밀리미터 매크로렌즈를 장착한 카메라를 들고 살며시 아파트 창으로 다가섰어요. 굽혔던 무릎을 펴면서 조심스럽게 일어나자 바로 창밖에 둥지와 어미 새가 보였어요. 맹금류 특유의 날카로운 부리와 강렬한 눈빛이 뷰파인더에 가득 들어찼지요.

어린 새를 품고 있던 황조롱이는 둥지 가까이 들이댄 카메라 렌즈에 잔뜩 긴장하고 있었어요. 잠시 숨을 멈추고 뜸을 들였어요. 아주 조심스럽게 조금 더 가까이 다가서는 순간, 카메라 렌즈와 날카로운 부리가 부딪쳤어요.

발코니 창밖 화분은 새들에게 마치 바위 절벽 사이에 마련한 보금자리와 같다. 창을 열자 둥지 위 어린 새가 놀라 카메라를 쳐다본다. 발코니 밖 둥지 아래로 아파트 주차장이 보인다.

NIKON F/4 ISO:400 렌즈:24mm

어미 새 눈동자에 주변 아파트가 선명하게 비친 모습을 찍고 싶어서 나도 모르게 카메라를 너무 가까이 들이밀었나 봐요. 놀란 새는 급히 목을 움츠렸어요. 나도 역시 놀라 뒤로 한 발짝 물러서며 움찔했어요. 황조롱이 부리와 렌즈가 부딪칠 때 딱딱한 느낌과 소리가 그대로 전달됐지요. 생생하고 강렬하게.

황조롱이 둥지가 발견된 곳은 경기도 고양시의 한 아파트 8층이었어요. 날이 따뜻해져서 겨우내 닫아 두었던 발코니 창을 여니 밖에 놓인 화분 안에 낯선 새 알이 세 개 있었다는 거예요. 메추리 알보다 조금 작은 알은 이후 더 늘어 나중에는 모두 다섯 개가 되었죠. 알 주인이 누굴까 궁금했던 집주인이 조류보호단체에 아파트 발코니에서 발견한 낯선 알에 대해 물어봤어요.

새들에게 아파트 발코니 밖에 놓인 화분은 거대한 바위 절벽 사이에 위치한 둥지 자리와 비슷해 보였을지도 몰라요. 언뜻 사람이나 고양이 같은 천적이 접근하기 어려운 최적의 둥지 자리로 말이죠. 해마다 봄이면 도심 아파트 발코니 밖에 놓인 냉방기의 실외기나 환기구에서 번식하는 황조롱이 소식이 자주 들려오는 이유겠죠. 야생 동물은 눈에 잘 띄지 않거나 사람과 같은 천적의 접근이 어려운 곳에 둥지를 만들기 마련이에요. 어리고 힘이 약한 새끼를 안전하게 키워야 하니까요. 다른 새들과 마찬가지로 황조

둥지에 앉은 황조롱이 눈에
주변 아파트가 선명하게 비친다.

NIKON F/4 ISO:400 렌즈:55mm

마침 집에 계시던 아파트 주인이 화분 둥지 안을 들여다보고 있다. 비를 맞으며 새끼를 품던 새도 친절한 부부를 무서워하지 않는지 꼼짝 않고 있다.

NIKON F/4 ISO:400 렌즈:24mm

롱이도 외부에 노출되지 않는 곳에 둥지를 만들려 했을 거예요.

그곳은 사진을 찍기에 매우 좋았어요. 아파트 방 안에서 식탁용 의자에 올라서기만 하면 화분 안 둥지가 훤히 들여다보이는 각도였어요. 발코니 문을 열지 않고 황조롱이 육아를 방해하지 않으면서 사진을 찍을 수 있었어요. 또 아파트 아래 주차장 너머로 어미 새의 주 사냥터인 텃밭이 펼쳐져 있었어요. 사냥을 마친 새가 둥지로 날아 들어오는 모습도 집 안에서 쉽게 볼 수 있었어요.

황조롱이는 아파트에 사는 노인 부부와 이미 가족같이 지내고 있었어요. 집에서 삼겹살이라도 구워 먹는 날이면 고기 냄새를 맡고 작은 주둥이를 벌리던 어린 새에게 먹던 고기를 건네주기도 했대요. 새들은 사람을 무서워하지 않았어요. 한번은 노인 부부가 창문 가까이 다가와 둥지를 들여다봐도 어미 새가 놀라거나 달아나지 않았다는 거예요. 어느 비 오던 날에는 둥지가 있는 화분 위에 손을 가까이 가져가도 어미는 꼼짝하지 않고 빗속에서 어린 새를 품기만 했대요. 어린 새가 몸집이 커질수록 배설물 양도 늘어났어요. 거기다 더운 날씨에 둥지 안에서 먹이 찌꺼기가 썩으며 악취가 풍기기 시작했어요. 아파트 주인은 둥지를 청소를 해 주기도 했어요. 덕분에 나도 곧 새들과 친해질 수 있었어요.

황조롱이와의 운명적인 만남에는 또 다른 행운도 있었어요. 아파트 주변에서 텃밭 농사를 짓던 노부부는 종일 농사일로 바빴어요. 해 뜨기가 무섭게 집을 비우고 밭에 나가곤 했으니까요. 마침 한창 자라고 있는 아기 황조롱이 모습을 카메라에 담고 싶다고 하자 아파트 주인은 흔쾌히 집 열쇠를 내주었답니다. 마음씨 좋은 주인을 만난 덕분에 자유롭게 빈집을 드나들며 마음 놓고 사진을 찍을 수 있었지요. 마침 살고 있던 집에서도 가까워 한 달이 넘도록 그곳에서 황조롱이를 만날 수 있었어요.

도심에 살고 있는 황조롱이라고 할지라도 자연의 법칙은 거스를 수 없었어요. 모든 새끼가 어른 새로 자라진 못했어요. 아파트 둥지 안의 생존 경쟁에서 살아남은 두 마리만 무사히 자라 자연으로 날아갔어요.

알에서 깬 새는 본능적으로 어미의 따뜻한 품과 울음소리를 평생 잊지 않고 기억한다고 해요. 어린 새처럼 나에게도 카메라 렌즈로 전달된 강렬한 자극이 각인되었나 봐요. 황조롱이와 만남을 시작으로 새와 특별한 인연이 시작되었거든요.

오랫동안 신문사 사진 기자로 일하면서도 새를 찾아 셔터를 누를 때마다 황조롱이 부리에서 전달된 손맛이 다시 느껴졌어요.

황조롱이는 낮게 날거나 공중을 선회하며 땅 위의 먹이를 찾는다.
목표물이 정해지면 정지 비행을 하다가 급강하하여 날카로운 발톱으로 사냥한다.

Canon EOS 1DX 1/1250 F4 ISO:1250 600mm

3. 주유소 복조리 제비

충북 청주시 어느 주유소 사무실 벽에 걸린 복조리에 제비가 앉아 사무실 안을 물끄러미 내려다보고 있었어요. 텔레비전 위와 의자 등받이, 책상에도 어린 제비가 앉아 있어요. 이제 막 둥지를 벗어난 새끼 제비는 사무실 창가와 책상, 텔레비전과 소파를 연신 오갔어요. 며칠 새 연습 비행으로 날개에 힘이 좀 붙었는지 제법 떨어진 온풍기 연통과 벽시계까지 날아가 보기도 했어요. 막내 제비만 벽에 걸린 복조리 둥지를 벗어나지 못했나 봐요. 둥지를 먼저 떠난 형들의 비행이 부러운 눈치였어요.

사람이 일을 하고 있는 사무실 한쪽에서 어미 제비가 먹이를 물어 복조리 둥지 안 새끼를 키운다. 제비가 사무실 안 복조리에서 새끼를 키우자 주인은 둥지 아래 배설물 받침을 달아 주었다. 주유소 주인 덕분에 제비가 명당 복조리를 차지했다.

GoPro HERO5 F/2.8 1/100s ISO:189

제비 부부는 둥지를 지으려고 진흙과 풀 가지를 교대로 물어 온다.
여름 철새 제비는 예전에는 흔하게 볼 수 있었다. 하지만 1980~90년대부터 개체 수가 크게 감소하고 있다. 농약 사용으로 생태계가 파괴되어 먹이가 줄고 도시화로 주변에서 둥지 지을 재료를 구하기 어려워져서다. 또 처마가 있는 형태의 주택이 점차 아파트 같은 공동 주택으로 바뀌면서 집 지을 장소도 줄어들었다. 제비가 사람이 사는 집 근처에 둥지를 틀면 뱀이나 맹금류 같은 천적을 피하기 유리하다.

Canon EOS 5D MarkIV F/4 1/500s ISO:3200 렌즈:70-200mm

"쭈잇, 쭈잇."

"삐찌, 삐찌, 지지지지 쭈잇."

주둥이를 내밀며 먹이를 재촉하던 새끼들이 둥지를 벗어날 무렵, 주유소 사무실은 온통 똥투성이가 됐어요. 사무실 바닥은 말할 것도 없고 의자, 책상, 소파, 텔레비전과 시계 위까지 제비 똥이 떨어지지 않은 곳을 찾기가 어려웠어요. 주유소 주인 부부는 걸레와 신문지를 들고 여기저기 배설물을 치우기 바빴어요. 어린 제비들이 둥지를 벗어나지 못할 때만 해도 제비 집 아래 배설물 받침대를 만들어 주는 것으로 충분했지요. 하지만 어린 제비 다섯 마리가 사무실 이곳저곳을 날아다니기 시작하자, 청소하는 일이 여간 성가시지 않았어요. 심지어 어미 새는 낯선 사람이 사무실에 들어올 때마다 사람에게 날아가 일부러 똥을 투하하기도 했어요. 어린 새를 보호하느라 신경을 많이 쓰고 있는 것이었어요.

제비는 2016년 봄, 주유소에 날아왔어요. 제비 한 쌍이 진흙과 지푸라기를 물고 번갈아 사무실 안을 드나들었어요. 이들은 처음부터 벽에 걸어 둔 복조리를 둥지로 여기는 것 같았대요. 제비의 의도를 눈치챈 주인은 미닫이문을 활짝 열어 놔 새들이 자유롭게 날아들 수 있게 해 주었어요. 문 위의 작은 창은 떼어 내 밤에도 자유롭게 드나들 수 있게 했어요. 요즘 제비를 보기 쉽지 않은데 자신의 사무실까지 찾아와서 반갑고 대견스러웠대요. 제비의 안전을 생각한 주인은 사무실의 커다란 유리창에 종이를 오려 붙여 놓았어요. 새가 투명한 유리와 충돌하는 사고를 방지하기 위해서지요. 제비는 여러 해 동안 둥지를 더 크고 튼튼하게 고쳐 사용했어요.

　복조리 제비는 봄이면 다른 제비들보다 먼저 주유소를 찾아왔어요. 일찌감치 복조리 둥지를 차지하기 위해서겠죠. 한번은 복조리 둥지를 탐내던 다른 제비가 사무실 안으로 날아든 적도 있었어요. 원래 주인이 방심한 틈을 타 날아든 침입자가 복조리 둥지 주변을 기웃거렸어요. 뒤늦게 이를 눈치채고 복조리 주인 제비가 돌아왔어요. 복조리 제비는 평소보다 훨씬 빠른 속도로 좁은 실내를 날며 침입자를 위협했어요. 전에 없이 제비가 과속으로 날아다니는 모습이 주유소 주인이 보기에 성이 난 듯했대요. 복조리 제비는 이미 사무실을 드나드는 통로와 실내 구조에 익숙한 터라, 사무실 작은 창과 좁고 구불구불한 통로를 넘나들며 날갯짓으로 위협 비행을 했어요. 침입자는 결국 복조리 제비를 당해 내지 못하고 쫓겨났어요.

　복조리 제비가 주유소에 찾아온 첫해에는 안타까운 일이 있었어요. 복조리에 둥지를 짓고, 알을 낳아 새끼가 나오자 주변 사람들은 복조리 제비에 점점 더 관심을 가졌어요. '복조리 제비 집'을 본 사람들은 너 나 할 것 없이 까치발로 제비 집 안을 들여다봤어요. 어떤 사람들은 핸드폰 카메라를

어미가 먹이를 물어오자 어린 제비들이 일제히 주둥이를 벌려 먹이를 달라고 한다.
Canon EOS 1DX Mark II F/4 1/640s ISO:3200 렌즈:500mm

들이밀어 어린 새의 사진을 찍기도 했어요. 이 일로 어미 새는 스트레스를 받았나 봐요. 주유소 주인이 아침에 사무실에 와 보니, 어린 새들이 모두 둥지에서 떨어져 바닥에 내동댕이쳐져 있었어요. 놀란 주인이 다시 어린 새를 주워 둥지에 올려놓았지만 어미 새는 새끼들을 다시 받아들이지 않았어요. 다시 둥지 밖으로 새끼를 밀어내고 사무실을 떠나 버렸어요. 사람들에게 충격을 받은 제비 부부는 그해 자식을 키우려 하지 않았던 것이죠.

복조리 위치가 낮아서 불행한 일이 생겼다고 생각한 주유소 주인은 복조리를 높은 곳으로 옮겼어요. 낯선 사람들이 들여다볼 수 없을 만큼요. 집 주인의 마음을 알아챘는지 이듬해 제비 부부가 다시 날아왔어요. 이때부터 주유소 주인은 제비가 알을 품거나 새끼를 기르고 있을 때는 사무실에 낯선 사람이 드나들지 못하도록 했어요. 사무실에서 일하는 주인 부부 역시 일부러 둥지 쪽은 쳐다보지 않고 모르는 척하며 지냈고요.

한번 터를 잡은 제비는 같은 위치에 둥지를 10년 이상 다시 고쳐 쓴다고 해요. 오랫동안 사람들과 사무실을 함께 사용하게 될 제비가 복조리에 복 대신 자리를 차지한 진짜 복덩이일까요.

아직 이소(아기 새가 다 자라 둥지를 벗어나 비행하는 것)하지 못한 막내 제비만 둥지에 혼자 앉아 있다. 사무실 안은 갓 이소한 제비 형제들의 연습 비행이 한창이다.

Canon EOS 1DX Mark II F/3.2 1/400s ISO:1600
렌즈:70-200mm

4 옥상 공원에 찾아온 손님

몇 해 전 회사 옥상에 먹이를 주면서 새를 지켜본 적이 있어요. 먹이가 부족한 겨울철, 약간의 호의를 베풀고 작고 귀여운 새들을 가까이서 볼 기회를 얻은 셈이죠. 새들은 처음엔 공짜 먹이에 경계심을 가졌어요. 시간이 지나 경계심이 풀리자 먹잇대로 날아와 먹이를 먹고 갔어요. 조심성 많은 새들은 그 자리에서 먹지 못하고 먹이를 물고 날아가기도 했어요.

나는 먹잇대로 날아 온 새가 고마웠어요. 겨우내 옥상 공원으로 날아온 새들을 '옥상 손님'으로 대접했어요. 서울 도심이라 찾아오는 새는 그리 많

지 않았고 종류도 다양하지 않았어요. 옥상 손님은 참새나 박새, 진박새, 곤줄박이, 직박구리가 대부분이었어요. 도시에서 흔하게 볼 수 있는 녀석들이었죠.

박새과 새들이 제일 먼저 옥상을 찾아왔어요. 주변에서 흔히 볼 수 있는 새로 짧고 두툼하며 끝이 뾰족한 부리를 가지고 있어요. 박새, 쇠박새, 곤줄박이 같은 새죠. 박새와 쇠박새는 서로 생김새도 비슷해요. 멱에서부터 배 가운데로 이어진 검은 줄을 가진 박새는 꼭 넥타이를 맨 모습이에요.

쇠박새는 짧은 검은 줄이 멱에만 있어요. 나비넥타이 차림을 한 모습이죠. 먹이를 찾아 온 박새와 쇠박새는 부산스러우면서도 조심조심 움직였어요. 덩치가 작고 힘이 약해서 항상 주변을 경계하는 습관이 몸에 배어 있는 것 같았어요. 먹이도 그 자리서 바로 먹지 않아요. 작은 부리로 먹이를 물고 어디론가 날아갔어요. 때때로 먹이를 숨겨 놓기도 한다고 해요.

곤줄박이도 박새과의 새예요. 어떤 새보다 사람과 금방 친해지지요. "쓰쓰 삐이, 쓰쓰 삐이" 하는 금속성 울음소리를 흉내 내면 사람 옆으로 날아와요. 조금 더 친해지면 손바닥에 올려놓은 먹이를 물어 가기도 해요. 등과 배에는 적갈색, 머리 꼭대기와 뒷목에는 검은색, 이마와 얼굴에 옅은 황백색 깃털이 어울려 화려한 외모를 자랑해요. 회사 옥상 공원에서 자주 보이는 녀석이었어요.

①

②

③

①박새, ②쇠박새, ③곤줄박이는 모두 박새과 새로 도심에서도 흔히 볼 수 있다. 짧고 두툼한 부리는 끝이 뾰족하다. 곤충이나 식물의 열매, 씨를 먹는다. 활동적이고 나무 구멍, 건물 틈, 인공 새집에서 번식한다.

옥상 먹잇대의 강자는 직박구리다. 작은 새들을 쫓아내고 먹이를 독차지하려 했다.

Canon EOS 1DX F/4
1/640s ISO:6400
렌즈:800mm

참새는 우리 주변에서 흔히 볼 수 있는 새였어요. 번식기가 끝난 참새는 무리를 이뤄요. 옥상 공원에 만들어진 키 작은 수풀에 무리를 지어 나타나곤 했어요. 먹이로 내 놓은 해바라기 씨에는 별 관심을 보이지 않았어요. 가을과 겨울에 풀숲을 뒤지거나 땅바닥에 떨어진 나무 열매와 풀씨를 먹고 지낸다고 해요. 도심에 이런 환경이 얼마나 남아 있을까요? 그래서 흔했던 참새가 요즘 도심에서는 점점 보이지 않나 봐요.

옥상 먹잇대 최대 강자는 직박구리예요. 그리 반갑지 않은 손님이에요. 커다란 덩칫값을 하는지 혼자 먹이를 독차지하거든요. 거기다 어찌나 시끄럽게 떠드는지 나타나기만 하면 작은 새들은 모두 도망가 버렸어요. 직박구리는 서울 같은 도심에서도 번식하는 모습을 흔히 볼 수 있어요.

2013년 1월 8일에는 아주 멀리서 손님이 찾아오기도 했어요. 예상치 못하게 멧종다리를 옥상에서 만났어요. 멧종다리는 고산 지대에서 번식을 마치고 몽골 북부에서 오오츠크해 연안을 거쳐 겨울철에 우리나라까지 온다고 해요. 옥상으로 날아온 새는 다른 새들을 모두 물리치고 한참 먹잇대를 독차지했어요. 그 후로도 몇 번 나타나서 작은 손님은 모두 쫓고 혼자 먹이를 먹었어요. 폭넓은 황갈색 눈썹선과 뾰족한 부리 때문에 사나워 보였지만 멀리서 왔다니 반가워서 그랬을까요? 멧종다리도 먹이를 독차지했지만 큰 덩치에 욕심 많은 까치나 직박구리와 달리 그리 얄밉지 않았어요.

맷종다리는 암수 색깔이 같은 바위종다리과 새다. 고산 지대 키 작은 수목림이나 암벽 지대에서 번식하고 우리나라까지 날아와 겨울을 난다.

Canon EOS 1DX F/6.3 1/640s ISO:640 렌즈:800mm

눈 내리는 겨울에는 새들이 먹이 찾기가 힘들어요. 씨앗이 거의 떨어져 먹을 것이 별로 없는 데다 땅에 떨어진 풀씨마저 눈에 모두 덮여 버리기 때문이에요. 눈이 펑펑 내리는 날에는 옥상 먹잇대가 문전성시를 이뤘어요. 작은 새들도 먹잇대 주변을 떠나지 않았어요. 멧종다리가 먹이를 먹고 있는 동안에도 옆에서 자신들의 기회를 엿봤어요. 멧종다리가 잠시 먹잇대를 비우기 무섭게 기다리던 곤줄박이와 박새도 교대로 날아왔어요.

단체 손님도 있었어요. 3월 8일 황 여사와 홍 여사(탐조가들이 붙인 애칭)가 단체로 방문했어요. 황여새와 홍여새는 꼬리 끝에 선명한 노란색과 붉은색 띠를 가지고 있어요. 모두 참새목 여샛과에 속하는 겨울 철새예요. 겨울을 나고 무리를 지어 북쪽으로 이동하는 시기였어요. 회사 근처에 제법 큰 공원이 있는데 그곳에서 쉬다 옥상에 잠시 들렀나 봐요. 먼 거리를 이동하는 철새는 나무가 많은 도심 공원에서 쉬어 가기도 해요.

화려한 외모를 가진 황여새와 홍여새는 이국적으로 생겼어요. 머리 정수리에 뿔관 같은 긴 댕기가 인상적이죠. 눈 선과 멱은 검은색이며, 꽁지가 붉은 홍여새의 검은 눈 선은 뒤로 가며 넓어져 황여새와 구별돼요. 둘 다 머리와 목과 배 부분이 연한 갈색이지만 홍여새 배 가운데는 연한 노란빛이 있어요.

무리 지어 나타난 황여새와 홍여새는 주택가 사이를 날아다니다 집 지

붕이나 커다란 가로수에 내려앉았어요. 50여 마리가 화려한 군무를 펼치듯 한꺼번에 날다 앉기를 반복했어요. 에어쇼는 옥상의 텔레비전 수신 안테나에 살포시 내려앉는 걸로 마무리했어요. 도심에서는 쉽게 볼 수 없는 장관이었어요. 마침 이 장면을 함께 지켜본 회사 동료에게 좀 으스댔습니다.

"겨우내 만나기를 기다렸던 제 옥상 손님입니다."

회사 옥상 안테나에 내려앉은 황여새와 홍여새. 꽁지 끝이 노란색이면 황여새, 붉은 색이면 홍여새다. 모두 여섯과 새로 암수가 비슷하다. 댕기가 뚜렷하고 꼬리가 짧다. 비번식기에 군집성이 강해 무리를 지어 다니는 모습을 흔히 볼 수 있다. 우리나라에 찾아오는 무리를 보면 황여새 개체 수가 더 많다.

Canon EOS 1DX F/6.3 1/5000s ISO:800 렌즈:300mm

5. 트럭에 둥지를 틀었다고?

"새가 트럭에 둥지를 틀었다는데, 달리는 차에서 어떻게 번식을 해요?"

신기한 일이 있다며 동료가 회사로 온 제보를 전해 주었어요.

"딱새가 원래 민가 근처 구석진 곳을 찾아 둥지를 지어요."

봄이면 기상천외의 장소에 둥지를 틀었다는 딱새 소식이 심심찮게 신문 한 귀퉁이를 차지하기도 해요. 나는 제보를 따라 트럭을 찾아가 보기로 했어요.

충북 단양군 적성면의 한 폐교에서 만난 트럭 운전사는 새에게서 잠시

아빠 딱새가 찢어진 트럭 범퍼 틈으로 들어가고 있다. 딱새 부부는 이 틈으로 트럭 안 둥지를 드나들었다. 암컷은 연한 갈색인 데 비해 수컷은 머리에서 뒷목까지 회백색이며 얼굴, 턱밑, 멱은 검은색을 띤다. 암수 모두 날개에 흰 반점이 있다.

Canon EOS 1D F/5.6 1/640s ISO:200 렌즈:500mm

도 눈을 떼지 못했어요.

"새가 제 차에 와서 둥지를 틀었는데, 차마 집을 부수고 내치지는 못하지요. 알을 다 품어 새끼들을 데리고 떠날 때까지 기다려볼 겁니다."

딱새 부부는 자동차 안의 비밀 공간을 찾아 둥지를 만들었어요. 자동차 앞 범퍼의 깨진 틈으로 연신 들락날락하는 모습을 볼 수 있었어요.

화물차 주인은 장비를 싣고 다니며 건설 현장에서 일하는 사람이었어요. 운동장 한구석에 일주일 동안 차를 세워 둔 사이 딱새가 둥지를 틀었다고 했어요. 범퍼의 깨진 틈으로 드나들며 딱새는 조수석 문짝과 발판 사이에 풀과 이끼를 물어와 밥그릇 모양의 집을 지었어요. 둥지는 조수석 문을 열기 전에는 눈에 띄지 않았어요. 거센 바람이나 비에도 안전한 좋은 곳에 자리잡고 있었어요. 딱새가 둥지 자리는 제대로 고른 것 같았어요.

트럭 기사는 사연이 참 많은 사람이었어요. 5년 전 건축업을 하는 동료를 도와주려다가 자신도 경제적으로 힘들어졌대요. 여전히 어려웠지만 딱새의 사정을 생각하니 차마 둥지를 치우고 트럭을 몰고 갈 수 없었다고 해요. 얼마 전에는 벌이가 꽤 괜찮은 일이 들어왔지만 새 때문에 차를 쓸 수 없다며 일을 마다하기도 했어요.

이틀 연달아 알을 낳던 어미 새가 더 이상 둥지에 들어오지 않기도 했대요. 그땐 새가 이곳이 보금자리가 될 수 없다고 느꼈나 싶어 서운하면서도,

다시 일을 할 수 있게 된다는 생각에 홀가분했대요. 하지만 딱새는 다음 날 다시 돌아왔고, 트럭 주인은 더 기다리기로 결심했어요. 생업마저도 포기하다시피 하면서 알이 부화해 새가 날아갈 날을 기다리고 있었어요. 트럭 주인은 딱새를 위해 문패도 달아 주었어요.

'딱새의 집'

딱새는 하루에 하나씩 알을 낳고 마지막 알을 낳은 직후 알을 품기 시작한다.

엄마 딱새가 둥지에서 새끼를 품고 있는 동안 아빠 딱새가 먹이를 물어 와 어린 새에게 건네주고 있다. 아빠 딱새가 다시 둥지를 나갈 때는 어린 새의 배설물을 물고 나간다. 천적의 접근을 막으려는 지혜다. 번식기에 수컷은 꼬리를 아래위로 까딱까딱 흔들며 '딱 딱' 하고 소리를 내 딱새라는 이름을 얻었다.

EOS 1D F/14 1/100s ISO:800 렌즈:50mm

'딱새가 알을 품고 있으니 차문을 열지 마세요! 자동차 옆에서는 조용히 하세요!'

트럭 주인이 간절한 마음으로 기다리던 차에 여덟 개의 알 중 다섯 개가 같은 날 부화했어요. 다음 날 나머지 새끼들이 알을 깨고 나왔어요.

트럭 주인은 딱어, 딱린, 딱이, 딱날, 딱대, 딱한, 딱민, 딱국이라고 이름을 붙여 주었어요. 어린이날 대한민국에서 태어난 딱새를 기념해서 말이죠.

부화한 지 며칠 지나지 않아 새끼 두 마리는 먼저 자연의 품으로 돌아갔어요. 아쉬운 일이지만 자연에서는 한 어미가 낳은 자식들도 서로 먹이 경쟁이 치열해요. 몸이 약해 먹이를 잘 먹지 못하면 한 둥지에서도 살아남기 힘들어요. 나머지 여섯 마리는 무럭무럭 자랐습니다.

새끼들 덩치가 커 갈수록 딱새 부부의 육아도 힘들어졌어요. 주로 암컷이 새끼를 품는 동안 수컷이 연신 먹이를 사냥해 어미에게 전달해 주었어요. 사냥을 잠시 쉬는 동안에는 아빠 새가 둥지 밖 소나무에 앉아 둥지를 지키고 있었어요.

어린 새가 태어난 뒤 트럭 주인은 유명 인사가 됐어요. 자신의 블로그 '자연을 사랑하는 곰 이야기'에 딱새의 육아일기를 썼고 나는 〈한겨레신문〉을 통해 트럭 둥지 사연을 세상에 알렸어요. 블로그에 올린 새의 아름다운 육아 소식은 사람들에게 인기를 끌었어요. 소식을 듣고 새를 구경하러 직접 찾아오는 사람들도 있었어요. 주위의 격려 속에서 트럭 주인은 새들에게 더 정성을 들였어요.

새끼들이 둥지를 벗어날 무렵 트럭 주인한테 전화가 왔어요.

"없어진 새끼들을 찾는지 부리에 먹이를 가득 문 딱새 부부가 차 주변을 헤매는 모습이 너무 애처로워요!"

트럭 주인이 잠깐 낮잠을 자는 동안 새끼 여섯 마리가 감쪽같이 없어졌다는 거예요. 딱새 가족을 위해 한 달 넘게 생업도 포기하다시피 하고 운동장에 차를 세워 놓고 기다렸는데 말이죠.

실수로 둥지에서 떨어졌나 싶어서 차 안팎을 샅샅이 찾았고, 동네 개구쟁이들 짓인가 하고 온 동네를 수소문하고 다녔지만 모두 헛수고였어요. 트럭을 다시 찾아갔을 때 트럭 주인은 '사라진 새를 찾습니다'라는 전단지를 만들어 동네 골목에 붙이고 다니며 새를 찾는 중이었어요.

전문가에게 물어봤더니 운동장 주변에 많이 보이는 까치가 새끼들을 물어갈 수도 있다고 했어요. 범인은 다음 날 밝혀졌습니다.

트럭 주인이 집으로 돌아가기 위해 차 안을 정리하던 중, 의자 밑에 똬리를 틀고 있는 누룩뱀을 발견했어요. 하루가 지났어도 여전히 배가 불룩한 것으로 보아 뱀의 짓일 가능성이 매우 높다고 했어요.

트럭 주인은 다시 일상으로 돌아가기 위해 빈 둥지를 정리한 뒤, 누룩뱀

트럭 주인 아저씨가 빈 딱새의 둥지를 치우고 있다.

을 주변의 풀숲에 놓아 주었어요.

"자연의 법칙을 따랐을 뿐 뱀에게 무슨 죄가 있겠습니까?"

6. 나는 황새 만황이에요

내 이름은 만황이에요. 이름은 조금 촌스럽지만 커다란 날개를 펴고 푸른 하늘을 나는 멋진 모습을 본다면 놀랄 거예요.

충북 청주에 있는 한국교원대 황새 부화장에서 2013년에 태어났어요. 일명 '황새 야생 복귀 프로젝트'의 일환으로 나의 임무는 자연으로 날아가 야생에 잘 적응하는 거예요. 이 땅에 정착해 알을 낳고 새끼를 키우며 살아가는 것이죠. 여덟 마리 다른 황새와 함께 2015년 9월 3일, 예산 황새공원에서 자연으로 방사됐어요. 우리 여덟 마리에게는 각각 '대한민국 만세 예

황새(천연기념물 제199호, 멸종위기 야생생물 1급) 만황이.
황새는 주요 포털에 황새목 황새과에 속하는 대형의 희귀한
나그네새로 소개될 만큼 우리에게 귀하면서 낯선 새다.

Canon EOS 1DX Mark II F/5 1/1000s ISO:125 렌즈:500mm

어미는 사냥한 먹이를 게워 내 어린 황새에게 먹인다.

Canon EOS 1DX Mark II F/4.5 1/640s ISO:125 렌즈:500mm

산'에서 첫 자를 따고 황새의 '황'자를 붙인 이름이 있어요. 대황이, 한황이, 민황이, 국황이, 만황이, 세황이, 예황이, 산황이. 다리에는 A1부터 A8까지 인식표를 달고 있어요. 난 A5 인식표를 달았어요.

우리 황새의 조상님들은 마을에서 사람들과 함께 살았어요. 하지만 논밭에 농약을 마구 살포하는 바람에 우리의 터전이 사라졌어요. 둥지를 만들 수 있는 아름드리나무가 한국전쟁 시기에 무수한 폭격으로 거의 사라지다시피 하면서 멸종의 위기를 겪게 되었고요.

황새는 천연기념물 제199호이자 멸종위기 야생동물 I급으로 지정되어 보호를 받고 있어요. 하지만 한반도에서는 둥지를 틀고 새끼를 키우는 '텃새' 황새를 만나지 못한 지 오래됐어요. 간혹 시베리아나 중국 북부 지방에서 추운 겨울을 피해 날아든 개체만 볼 수 있을 뿐이죠.

자연에 방사된 뒤 나는 세황이, 민황이와 전남 영광 바닷가까지 날아 함께 여행을 다녀오기도 했어요. 우리 황새는 겨울에 물이 얼지 않는 따뜻한 곳에서 먹이를 찾거든요. 우리 셋은 마음이 잘 맞는 친구였어요. 나와 세황이는 수컷, 민황이는 암컷 황새예요. 처음엔 세황이가 민황이에게 관심이 많았어요. 하지만 이듬해 봄 내가 민황이와 짝을 이루었어요. 우린 친구이자 경쟁자인 셈이었어요. 나와 민황이는 첫 보금자리를 예산 황새공원에 지었어요. 공원에는 5미터 높이의 인공 둥지가 세워져 있었어요. 나는 강한 귀소 본능 유전자를 가지고 있어요. 더구나 이곳은 사람들이 제공하는 먹이가 풍부해 살기 편한 곳이에요. 주변 산과 개천이 한눈에 들어와서 경치도 좋고요. 태어난 곳은 아니어도 한동안 살았으니 지리에도 익숙해요. 또 이곳에 정도 많이 들었고요.

나와 민황이가 짝을 맺고 둥지를 만들었다는 소식이 알려지자 사람들은 카메라를 설치했어요. 우리의 보금자리를 24시간 지켜본다나요. 나와 민황이가 둥지에서 짝짓기 하는 모습이 황새공원 홈페이지를 통해 고스란히 생중계됐대요. 황새도 사생활이 있는데……. 하지만 우리 부부의 2세 만들기가 한반도에서 반세기만에 일어난 첫 자연 산란이라고 하니 사람들 기대가 얼마나 컸을지 짐작이 가요. 우린 새로운 역사를 쓰고 있었거든요.

새 가족을 맞이하기 위해 우리 부부는 정성을 다했어요. 교대로 나뭇가지를 물어 와 웬만한 비바람에는 꿈쩍 안 하는 튼튼하고 안락한 보금자리를 지었어요.

둥지를 드나들 때마다 나와 민황이는 누가 먼저랄 것도 없이 함께 긴 목을 뒤로 젖히고 부리를 부딪쳐 '딱딱딱' 소리를 내요. 서로 같은 동작을 하는 거예요. 커다란 소리를 낼 수 있는 두루미와 달리 발성 기관이 없는 우리 황새는 이런 식으로 부부애를 과시해요.

민황이는 산통 끝에 2016년 4월 16일 첫 산란을 시작해 두 개의 알을 낳

만황-미송 부부가 새끼를 키우는 인공둥지 아래는 새봄을 준비하는 농부의 손이 바쁘다.

앉았어요. 우리는 교대로 둥지에서 알을 품었어요. 35여 일 만인 5월 20일과 22일 이틀에 걸쳐 예쁜 황새 두 마리가 깨어났습니다. 사람들은 황새의 자연 복귀를 기념한다고 자연에서 첫 자를 따 우리 아이들에게 자황이와 연황이라는 예쁜 이름을 지어 주었어요. 43년 만에 한반도 자연에서 부화한 첫 2세 황새들인 셈이죠.

    한반도에 살았던 마지막 황새 한 쌍이 이 땅에서 사라진 사연은 실로 기가 막혀요. 앞에서도 말했지만 한국전쟁 이후 황새는 거의 자취를 감추다시피 했어요. 사라진 줄 알았던 텃새 황새의 마지막 소식이 다시 들린 건 1971년 4월 1일이에요. 사진과 함께 동아일보 1면에 보도됐어요.

충북 음성군 생극면 한 마을 감나무 꼭대기에서 황새 서식지가 발견됐어요. 감나무는 마을 한가운데 있어서 마치 황새 둥지를 중심으로 사람들이 사는 것 같았어요. 하지만 3일 뒤 황새에게 비극적인 일이 일어났어요. 둥지에서 알을 품고 있던 암컷과 교대를 하려고 수컷이 둥지에 내려앉는 순간 '탕' 하고 총소리가 났어요. 어느 몰지각한 사냥꾼 총에 수컷이 희생당한 겁니다. 이튿날엔 누군가 나무를 타고 올라가 암컷이 품고 있던 알도 훔쳐 갔어요. 어처구니없는 일이 벌어진 거죠. 황새를 죽인 사람은 처벌을 받았어요.

암컷 황새에게 닥친 불행은 멈추지 않았어요. 홀로 된 암컷은 해마다 봄이면 마을로 다시 찾아왔어요. 사람들은 황새가 새 남편을 데려올 것이라고 믿었어요. 그러나 매년 부화되지 않는 무정란만 낳았다 품기를 반복했어요. 12년 동안 혼자 마을을 찾던 과부 황새마저 1983년 쓰러진 채 주민에게 발견됐어요. 농약을 먹고 탈이 난 거였죠. 황새는 급히 창경궁 동물원에서 치료를 받고 사육장에서 살게 되었어요. 당시 학자들은 홀로된 황새의 짝짓기를 위해 일본과 유럽 등지에 수컷 황새를 수소문했어요. 한번은 부산에서 잡힌 야생 황새와 짝짓기를 시도한 적이 있었지만 그 황새는 암컷으로 밝혀졌어요. 황새는 결국 1994년 동물원에서 생을 마감했어요. 이로써 대한민국에서 텃새 황새가 완전히 자취를 감추게 됐어요. 우연의 일치인지는 모르지만 일본에서도 우리와 마찬가지로 1971년에 황새가 자연에서 사라졌다고 해요.

나에게도 불행한 일이 있었어요. 첫 부부 인연을 맺었던 민황이가 사고를 당했어요. 자황이와 연황이를 다 키워낸 해 가을이었어요. 민황이가 나를 따라 둥지 근처의 전신주에 내려앉으려다 그만 날개가 전깃줄에 닿으며 감전 사고가 났어요. 정말 눈 깜짝할 사이에 벌어진 일이었어요.

2019년 봄, 나는 아내 민황을 잃은 아픔을 잊고 충남 예산 상공을 날아다녔어요. 이곳은 주변에 논밭이 많고 예당저수지가 있어서 먹이가 풍부해요.

커다란 날개를 접어 사뿐히 인공 둥지로 내려앉았어요. 나의 보금자리에서는 황새 미송이가 어린 새를 돌보고 있어요. 나의 세 번째 아내예요. 어린 새를 지키던 아내가 긴 목을 젖힌 채 부리를 부딪쳐 크게 "딱딱 딱딱딱" 소리를 내며 나를 반겼어요. 저도 큰 소리로 화답하며 우리 부부의 사랑을 뽐냈어요.

13미터 높이 둥지 아래 장전리 들녘은 이미 봄이 가득합니다. 봄이 오면 새 계절이 시작되듯이 미송이와 가정을 꾸려 이 땅에서 새 생명을 낳고 텃새로서 황새의 삶을 만들어 가고 있어요.

암컷 황새 미송이가 둥지를 보수할 풀을 물고 둥지로 날아들고 있다.
13m 높이 인공 둥지에 어린 새 세 마리와 수컷 만황이가 있다.
Canon EOS 1DX Mark II F/4.5 1/5000s ISO:800 렌즈:300m

국내 철새 도래지를 찾아서

②

1 두루미야, 밤새 추웠지?

 강원도 철원 이길리에는 매년 겨울 두루미 가족이 찾아와요.
 추수를 마친 농부는 1만 5천 2백 제곱미터 되는 논에 볏짚을 깐 다음, 먹이를 뿌려 놓고 겨울 손님을 기다립니다. 두루미도 얼굴을 알아보는지 농부가 먼발치에서 보이면 "뚜루 뚜루 뚜루르" 하며 시끄럽게 인사를 건네요. 가까이 다가가도 잘 날아가지 않지요. 농부는 자신의 논에 날아든 두루미가 다른 새보다 시끄럽게 운다고 해 '소란이'라고 불러요. 소란이 가족은 벌써 몇 해째 같은 논을 찾아오고 있어요. 농부네 논으로 날아오는 소란이의

두루미(천연기념물 202호, 멸종위기 야생생물 1급) 소란이 가족.
소란이 부부가 머리와 목이 아직 갈색인 어린 새 두 마리와 함께 겨울을 나기 위해 철원 이길리를 찾아왔다. 두루미는 전 세계에 3천여 마리도 안 되는 세계자연보전연맹 적색자료목록에 위기종(EN)으로 분류된 국제 보호조다. 국내에서는 강원 철원, 경기 연천, 경기 파주 대성동, 인천 강화도 남단에 해마다 일정 개체 수가 날아온다.

Canon EOS 1DX Mark II F/4 1/125s ISO:250 렌즈:200-400mm

고향이 러시아인지 몽골인지 아니면 중국 북부 지역인지는 확실하지 않아요. 하지만 자신들의 고향에서부터 철원까지 매년 먼 거리를 정확하게 오가는 새들의 비행 실력은 놀랍기만 해요. 이정표도 없이 이길리 농부의 논을 어떻게 알고 찾아올까요?

 이곳에 두루미가 많이 날아오는 이유는 풍부한 먹이 때문이라고 해요. 철원 지역은 민통선을 포함하고 있고 평야 지대가 넓어 굶주린 새들이 배를 채울 만큼 낙곡이 충분하거든요. 또 추운 겨울에도 잘 얼지 않은 여울이 있어 목을 축이고, 안전한 잠자리를 찾을 수 있기 때문이죠. 날이 더 추워지면 대형 저수지 얼음 위에 모여서 잠을 자기도 해요. 더구나 이들이 즐겨 찾는 비무장 지대 안 습지는 어떤 간섭도 받지 않아 사람으로부터 완전히 자유로운 곳이지요. 천혜의 두루미 겨울 왕국인 셈이죠.

 낙곡으로 배를 채운 두루미는 꼭 물을 마시는 습관이 있어요. 소란이네 가족은 이길리 논을 휘감아 흐르는 한탄강 계곡으로 날아가요. 그곳에서 목을 축이거나 잠시 쉬기도 하죠. 하천에서 사는 우렁이나 미꾸라지를 잡아먹기도 하고요. 다른 두루미 가족도 이곳 여울을 함께 이용해요. 두루미들에게 겨울에도 얼지 않은 물은 생존과 직결될 만큼 중요해요.

 두루미는 키가 150센티미터나 돼요. 커다란 키 때문에 삵 같은 천적을 피해 숨어서 자기가 쉽지 않아요. 물을 마시던 한탄강 여울은 해가 지면 잠

추위 속에 밤을 새우고 나온 두루미 가족이 먹이터로 날아가지 않고 잠시 얼음 위에 앉아 쉬고 있다.

자리로 바뀌어요. 안전한 잠자리를 찾아 여울에서 여러 가족이 함께 모여 잠을 자죠. 천적의 접근을 금방 알 수 있게 주변이 탁 트인 곳을 좋아해요. 그리고 무릎 정도 깊이의 여울에 있으면 몰래 접근하는 침입자를 파동으로 눈치챌 수도 있어요. 한쪽 다리를 여울에 담그고 선 두루미는 기다란 목을 접어 날개 밑에 파묻고 겨울밤을 보내요.

겨울이면 철원은 넓은 평야와 두루미 그리고 협곡으로 이뤄진 강이 어우러져 멋진 풍경을 만들어 내요. 이런 겨울 풍경에 반한 사진가들이 겨우내 '두루미 앓이'를 하죠. 함박눈이 내린다는 소식이 있으면 이들의 마음은 벌써 카메라를 둘러메고 철원 들녘으로 향한다고 해요. 한밤에 눈이 내리면 마음이 급해져 어둠 속 위험한 눈길 운전을 감수하고서라도 두루미 서식지로 달려가기도 해요. 동이 트면 두루미와 설경이 그려 내는 멋진 풍광을 볼 수 있을 테니까요.

밤새 수은주가 거꾸로 곤두박질치고 바람이 자는 날이면 한탄강 두루미 잠자리에서는 하얀 김처럼 물안개가 피어올라요. 찬 기온 때문에 한탄강 여울이 내뿜은 수증기는 멀리 날아가지 못하고 바로 얼어붙어 버려요. 두루미 잠자리 주변 숲과 나무에 하얀 상고대가 뒤덮이는 순간이죠. 눈꽃처럼 내려앉은 상고대는 햇살이 비추면 수정처럼 빛나요. 하지만 햇살이 닿는 순간, 상고대는 서서히 녹아내리기 시작하지요.

밤사이 눈이 내린 날 아침. 재두루미(천연기념물 제203호) 부부가 어린 새를 데리고 먹이터로 날아가고 있다. 재두루미와 두루미가 함께 월동하는 곳은 세계적으로 우리나라 한탄강과 임진강 지역이 유일하다.

Canon EOS 1DX F/4 1/500s ISO:250 렌즈:400mm

올해 새로 태어난 어린 새에게 철원의 겨울 추위가 낯설고 힘들 거예요. 겨울날 물에 발을 담그고 한뎃잠을 자고 나면 몸 전체가 꽁꽁 얼겠죠. 먹이터로 갈 시간이지만 어린 새는 몸이 자꾸 움츠러드는지 잠자리 옆 얼음 위에 웅크리고 있으려 했어요. 물에서 자고 나오는 두루미는 다리에 반지처럼 얼음 가락지가 채워져 있기도 해요. 물살이 제법 센 잠자리 여울물마저 밤새 얼어붙기 때문이에요.

'두루미 앓이'가 절정에 이를 무렵, 두루미의 비밀 공간인 잠자리를 엿보았어요. 기회가 여러 번 있었던 건 아니에요.

달빛이 환한 날을 기다려야만 해요. 떠오른 달이 중천에 이르면 달빛이 부드러워져 사진 찍기에도 좋아요. 달빛에 눈이 적응될 무렵, 여울 한가운데서 잠자고 있는 두루미가 어슴푸레 형체를 드러냈어요. 강물 위로 달빛이 부서지고 어둠 속에서 두루미 등이 희미하게 반짝이기도 했어요.

추운 겨울, 외발로 선 두루미와 여울이 달빛 아래 사진 속에서 하나가 되는 순간이에요. 이 순간을 사진에 담기 위해서는 달빛에 취하듯 카메라 셔터를 열어 놓고 한참을 기다려야 해요. 시간이 지나 셔터막이 닫히면 어둠 속 두루미가 카메라에 고스란히 상이 되어 맺히죠. 셔터막이 올라가 있는 동안 흘러내린 여울물은 흔적만 남아요.

사진을 완성하려면 3분이 넘도록 셔터를 열어야 하는데 사진 속 두루미는 조금도 흔들리지 않아요. 새는 놀랄 정도의 평형 감각을 지니고 있어 물에 외다리로 서서 잘 때도 전혀 움직임이 없거든요. 밤이 깊을수록 두루미 등에 내린 찬 서리가 달빛을 받아 반짝거려요.

임진강 여울목에 두루미와 재두루미 70여 마리가 모여 잠을 자고 있다. 수동으로 카메라 렌즈 초점을 맞추고 비(벌브) 셔터를 열어 두니 달빛에 잠자던 두루미가 어슴푸레 드러났다. 자갈 깔린 투명한 강바닥과 강 건너 나무 그림자도 수면에 비친다. 잠자리에 쇠기러기 무리도 함께 있다.
Canon EOS 5D Mark VI f/5.6 198s ISO:250 렌즈:300mm

2 흰꼬리수리의 운수 좋은 날

두루미를 보기 위해 철원 평야에 갈 때는 꼭 토교저수지에 들러요. 그곳은 저수량 1천 5백만 톤을 자랑하는 강원도의 유명한 저수지예요.

수많은 겨울 철새들이 한꺼번에 모여 잠을 자는 초대형 숙소로도 이름난 곳이죠. 특히 날씨가 추워 주변 여울물이 얼어붙기 시작하면 수천 마리씩 무리를 지은 두루미, 재두루미와 오리, 기러기 수십만 마리가 이곳에서 함께 겨울밤을 보내기도 해요. 운 좋은 날에는 흰꼬리수리나 말똥가리 같은 희귀 맹금류도 볼 수 있어요. 해가 뜰 무렵이면 잠에서 깬 쇠기러기와 큰

기러기 무리가 한꺼번에 먹이터로 날아가면서 장관을 이루기도 합니다.

  2015년 12월 15일 두루미를 만나러 가는 길, 토교저수지 근처를 지나고 있었어요. 얼른 두루미를 보고 싶은 마음에 그냥 지나치려고 했는데 저수지 상공의 커다란 새가 눈에 들어왔어요. 오랫동안 새를 보면서 생긴 버릇이 하나 있는데 운전 중에 움직이는 물체가 시야에 포착되면 꼭 정체를 확인하는 거예요. 차를 세워 보니 저수지 위로 두 마리 새가 날고 있었어요. 커다란 날개를 펴고 선회하는 새의 쐐기 모양 흰색 꼬리가 먼저 눈에 들어왔어요. 흰꼬리수리였어요. 이제 네 살쯤 됐을까요? 다 자란 새는 꽁지깃 전체가 하얗지만 아직 꽁지 가장자리에 흑갈색 윤곽선이 남아 있었어요. 어른이 되려면 한두 해 더 지나야 할 것 같았어요.

꽁지깃 가장자리에 아직 흑갈색이 남아 있는 어린 흰꼬리수리가 토교저수지 위를 선회하고 있다.
Canon EOS-1D X 1/1000s f/9 ISO:800 렌즈:500mm

다 자란 흰꼬리수리(천연기념물 243-4호, 멸종위기 야생생물 I급)가 늠름한 자세로 하늘을 날고 있다. 하얀색 꼬리를 가지고 있어 '흰꼬리수리'라는 이름이 붙었다. 매목 수리과에 속하는 대형 맹금류로 해안, 하구, 하천 등지에서 서식하는 국제 보호조다. 크기는 69~94cm, 무게는 3.1~6.9kg이며 크고 육중하다. 쐐기 모양의 꽁지깃 가장자리에 흑갈색이 남아 있는 어린 새와 달리 다 자란 성조는 흰색 꼬리를 가지고 있다.

Canon EOS 1DX 1/1000s F/10 ISO:320 렌즈:600mm

지켜보고 있으니 새 움직임이 좀 특이했어요. 마치 다이빙을 하듯 물로 곤두박질치기를 반복하고 있었어요. 사냥에 나선 것 같아 좀 더 가까이 가 봤어요. 빠른 속도로 자맥질하던 새는 물위에서 어설프게 첨벙첨벙대다가 다시 힘겹게 날아오르기를 서너 번 반복했어요. 어미 새에게 배운 사냥 연습을 하는 중이었을까요?

평소 흰꼬리수리는 저수지 얼음 끝자락이나 제방에 앉아 하루를 보내요. 쉬면서 먹잇감을 찾기도 해요. 사냥할 때는 빠르게 나는 새를 잡기보다 병들거나 부상당한 먹잇감을 노리는 경우가 대부분이에요. 가마우지나 비오리 같은 새들이 먹지 못하고 남긴 큰 물고기나 다친 물고기가 수면 위로 떠오르면 보고 있다가 덮쳐 빼앗는 식이에요.

다 자란 흰꼬리수리는 5킬로그램이 넘고, 양 날개를 펼치면 길이가 2.5미터에 이릅니다. 덩치에 비해서 움직임이 민첩하긴 해도 매처럼 빠르게 날며 사냥하지는 못해요. 큰 덩치를 유지하기 위해 하루 평균 5백~6백그램의 먹이를 먹어야 한다고 해요. 사냥을 못하는 독수리를 위해 사람들이 소, 돼지 부산물이나 죽은 동물의 사체를 내어 차린 '독수리 식당'에 기웃거리는 모습이 보이기도 했어요.

새가 첨벙대는 모습이 마치 수영이 서툴러 물에 빠져 허우적거리는 것 같았어요. 그러다 크게 물탕을 튀며 날아오를 때 보니 발톱으로 먹잇감을 꽉 움켜쥐고 있었어요. 사냥감이 무거운지 날기에 힘이 부쳐 보이기도 했어요. 공중에서 몇 번이나 출렁이듯 힘겹게 날갯짓을 하고 있었거든요. 함께 사냥에 나섰다 실패한 다른 흰꼬리수리가 눈치를 채고 쏜살같이 뒤를 쫓아갔어요.

흰꼬리수리는 저수지로부터 멀리 날아가지 못하고 가까운 제방에 내려앉았어요. 나는 잽싸게 차에 타 사냥에 성공한 새가 있는 곳으로 차를 몰았어요. 제방으로 이어진 길은 그리 험하지 않은 비포장 농로였어요. 마침 며칠 전 내린 눈이 녹아 길은 진창이었어요. 일반 승용차는 따라갈 엄두도 내지 못할 정도였죠.

커다란 청둥오리 사냥에 성공한 새는 차와 사람이 다가와도 크게 신경을 쓰지 않는 눈치였어요. 발밑에 사냥감을 움켜쥔 채 가쁜 숨을 몰아쉬고 있었어요. 갈고리처럼 아래로 휜 부리에는 이미 붙잡힌 오리의 피와 깃털로 보이는 이물질이 잔뜩 묻어 있어요. 발 아래의 청둥오리와 주변을 번갈아 보는 흰꼬리수리의 모습이 카리스마가 넘쳤어요. 희생양은 몸무게가 1.5킬로그램 정도 나가는 청둥오리 암컷이었어요. 며칠 동안 배를 든든하게 채우기 충분한 크기였어요. 그날은 흰꼬리수리에게 아주 운수 좋은 날이었어요.

하지만 먹이 사냥에 허탕 친 다른 흰꼬리수리는 순순히 먹잇감을 포기

겨울철은 먹잇감이 부족한 시기다. 사냥에 실패한 배고픈 동료가 먹이를 빼앗으려 달려들자 사냥감을 움켜쥔 흰꼬리수리가 황급히 날아오르고 있다.

Canon EOS 1DX F/5.6 1/1600s ISO:2000 렌즈:500mm

하지 않았어요. 위협하듯 동료 주변을 날면서 먹이를 빼앗을 기회를 엿봤어요. 평소에는 서로 온순하게 잘 지내지만 먹이만 보면 맹금류 야생 본능이 살아나나 봐요. 서로 빼앗으려고 먹이에 달려들었어요. 물론 먹이를 잡은 맹금류도 쉽게 양보하지 않아요. 먹이가 귀한 야생에서는 형제자매끼리도 먹이를 나누지 않고 서로 경쟁한답니다.

사냥에 성공한 녀석은 빨리 먹이를 먹어 치우고 싶었겠지만 먼저 경쟁자를 따돌려야 했어요. 먹이를 향해 달려드는 동료 흰꼬리수리를 피해 몇 차례 제방에서 자리를 옮겨 보지만 영 마음이 놓이지 않은 것 같았어요. 아직 숨이 붙어 있는 사냥감 등짝을 왼발로 꽉 움켜쥐고 도망치듯 다시 날아올랐어요. 퍼덕이는 흰꼬리수리 날개 사이로 청둥오리가 보였어요. 청둥오리는 힘이 거의 다했는지 고개가 아래로 축 처지기 시작했어요. 발을 움츠린 채 입을 가늘게 벌리고 있었어요. 그것이 청둥오리의 마지막 비행이었을 거예요.

흰꼬리수리는 매목 수리과에 속하는 대형 맹금류다.
사냥한 청둥오리는 대형 맹금류 흰꼬리수리에게도 무거울 정도다.
사냥감을 움켜쥔 흰꼬리수리가 힘겹게 날갯짓을 하며 날아오르고 있다.

Canon EOS 1DX F/5 1/1000s ISO:800 렌즈:500mm

3. 뿔논병아리의 수상 가옥 촌

　차를 몰고 바다 한가운데를 가로질러 뿔논병아리를 만나러 갔어요. 12킬로미터가 넘게 이어진 시화방조제 끄트머리에 뿔논병아리가 집단으로 서식하고 있었어요.

　2010년 봄, 시화호에 뿔논병아리가 모여들었어요. 붕어마름이나 부들, 갈대를 엮어 만든 둥지는 물위에 둥둥 떠 있었어요. 1백여 개가 넘는 둥지가 모여 수상 가옥 촌을 이루었죠. 뿔논병아리들이 단체로 주위가 탁 트인 둥지에 앉아 알을 품었어요. 보통은 천적의 눈을 피해 수초가 무성한 풀 줄

1백여 개가 넘는 둥지가 한꺼번에 발견된 시화호 뿔논병아리 수상 가옥 촌.
물풀을 방석 모양으로 엮어 만든 뿔논병아리 둥지는 물에 둥둥 떠다닌다.

기 사이처럼 은밀한 곳에 둥지를 만들어요. 호수 한가운데 만든 둥지는 너구리나 고양이같이 뭍에 사는 천적으로부터 안전한 편이에요. 또 집단으로 모여 있으니 알과 새끼를 노리는 적이 나타난다면 함께 힘을 모아 쫓을 수도 있어요. 알을 품다 잠시 둥지를 비울 때는 물풀로 살짝 알을 가릴 수도 있어요. 알이 식지 않게 하고 천적으로부터 노출을 최대한 피하려는 어미 새의 지혜랍니다.

둥지에서 알을 품고 있는 뿔논병아리

시화호는 죽음의 호수라 불리던 곳이에요. 간척 사업을 위해 경기도 시흥시 정왕동 오이도와 안산시 대부동 방아머리를 잇는 방조제가 생기면서 만들어졌어요. 하지만 방조제 물막이 공사를 마친 뒤 심각한 수질 오염이 발생했어요. 결국 수문을 열어 해수가 흘러 들어오게 했고, 2000년 시화호의 담수화를 포기했어요.

호수에 바닷물이 드나들면서 썩은 호수가 점차 회복되고 귀한 야생 동물이 찾아오기 시작했어요. 겨울 철새로만 알려졌던 뿔논병아리가 시화호에 집단으로 자리잡자 사람들은 시화호가 생명의 호수로 변하고 있다며 반겼어요.

시화호의 사례와 다르게 뿔논병아리가 처참하게 망가진 모습으로 사람들 앞에 나타난 적이 있어요. 2007년 12월, 온몸에 시커멓게 기름 범벅을 한 새 한 마리가 주요 신문 1면을 장식했어요. 태안 앞바다에서 발생한 유조선 기름 유출 사고로 날벼락을 맞은 거예요. 가까스로 구조된 새는 안타깝게도 이틀 만에 숨졌답니다. 비극적인 사고로 모두 상심이 컸을 시기에, 기름을 뒤집어쓴 새를 보고 충격이 컸어요.

둥지를 짓기 전 시화호에서 뿔논병아리의 재밌는 구애 모습과 짝짓기 춤을 볼 수 있었어요. 호수의 발레리나로 불리는 뿔논병아리의 구애 춤은 아주 독특해요. 검은 뿔 깃(머리깃)을 곧추세우고 머리털 같은 귀깃을 적갈색으로 치장한 새는 화려한 옷으로 갈아입은 것 같았어요. 날개와 깃털을 잔뜩 부풀려 수컷이 먼저 자신을 과시했어요. 수컷들은 마음에 드는 짝을 차지하기 위해 한바탕 소동을 벌였어요. 무리 중 성격 급한 새가 먼저 빠른 발놀림으로 물위를 뛰어가듯 쏜살같이 달려나갔어요. 격렬한 판족질(뿔논병아리는 오리과 새가 가지고 있는 물갈퀴와 비슷한 판족을 가지고 있다)에 잔잔한 호수가 일렁이고 한바탕 물방울이 튀었어요. 경쟁자를 멀리 쫓아내면서 파트너의 이목을 끌기 위한 사전 동작이었어요. 마음에 드는 상대를 발견하면 서로를 향해 마주 보고 부딪칠 듯 달려들기도 했어요. 물을 저어 아주 가까이 다가섰다 멈추고, 다시 뒤로 물러서는 동작을 여러 차례 반복했어요. 동작에는 절도가 있었어요. 이윽고 서로의 마음을 확인했는지 약속이라도 한 듯 물속으로 쑥 잠수했어요.

잠시 후 입에 붕어마름을 물고 나왔어요. 드디어 능숙한 춤꾼처럼 커플 댄스를 선보일 차례예요. 격렬하게 발을 저어 물위로 몸을 최대한 일으켜 세웠어요. 목을 길게 뽑고 입에 문 수초를 흔들며 자신이 보금자리를 잘 지을 수 있다고 상대에게 자랑하는 듯했어요. 이런 커플 댄스는 펭귄 춤이라고도 불려요. 펭귄은 목을 길게 늘인 상태로 몸과 얼굴을 가까이 하거든요. 둘이서 박자와 리듬을 딱딱 맞추고 머리를 좌우로 흔들며 짝짓기 춤을 마무리했어요.

알은 낳은 지 20일이 지나면서 하나둘 부화하기 시작했어요. 알을 깨고 나온 새는 어미랑은 모습이 좀 달라요. 특이하게 얼굴에서 목까지 얼룩 줄무늬가 있어요. 이마 한가운데는 붉은 점이 찍혀 있고 어미와 다르게 부리가 짧고 뭉툭해 보였어요.

뿔논병아리 부부는 육아와 먹이 사냥을 번갈아 해요. 한쪽이 둥지를 지키며 알과 새끼를 품고 있는 동안 나머지는 물고기를 잡아 와요. 또 둥지를 지키던 어미가 등에 새끼를 털어내듯 내려놓고 물로 뛰어들면 사냥에서 돌아온 짝이 얼른 둥지로 올라와 알을 품고 새끼를 업어요. 덩치가 작은 어린 새들은 작은 물고기와 새우를 좋아해요.

뿔논병아리의 자식 사랑은 아주 유별나요. 알에서 깨어난 새는 어미 품에서 나와 등에 올라타 날개 밑을 파고들어요. 어미는 어린 새를 줄곧 업어 키우다시피 해요. 어느 정도 자라 어미와 함께 둥지를 나와 이동할 때도 어미가 등에 업고 다닐 정도예요. 아기 새는 어미 새의 다급한 경계 신호를 따라 잽싸게 어미 날개 밑을 파고들기도 하죠. 어미 등에서 체온을 유지하면서 쉬고 잠을 자며 먹이를 받아먹어요. 품어서 키우는 다른 새들과 달리 어미 등이 잠자리이자 식당이고 날개는 이불이자 보호막인 셈입니다. 따뜻한 어미 등 위에서도 어린 새들 사이에 먹이 경쟁은 치열해요.

부모가 사냥 갔다 돌아온 인기척이 나면 새끼들은 쏜살같이 내려와야

먹이를 물고 온 어미 새의 기척에, 등에 업혀 날개를 덮고 있던 어린 새 한 마리가 미끄러지듯 등을 내려왔다. 이번엔 내가 일등! 동작 빠른 줄무늬 깃털의 어린 새는 어미가 물어 온 먹이를 받아먹고 있다. 논병아리과 새 중 가장 덩치가 큰 뿔논병아리는 긴 목에 검은색 머리깃을 가지고 있다. 발에 오리와 같은 물갈퀴 대신 수영에 적합한 판족을 가지고 있다.

Canon EOS 1DX F/6.3 1/1000s ISO:400 렌즈:800mm

자맥질을 해 사냥을 마친 새는 머리를 고정한 채, 몸을 좌우로 빠르게 흔들어 물기를 털어 낸다.
Canon EOS 1DX F/7.1 1/1250s ISO:400 렌즈:800mm

해요. 가장 먼저 달려온 새가 먹이를 차지하거든요. 작은 새끼들에게 어미 등이 상당히 높은 편이라 몸을 던지다시피 뛰어내린 어린 새들은 거꾸로 굴러떨어지기 일쑤예요.

부모는 새끼를 등에 업은 채로 헤엄치는 법을 가르치기도 해요. 유유히 물로 나가서 강 한가운데에 도착한 어미 새는 그대로 물속으로 잠수를 해요. 놀란 새끼들은 물속에서 어미만큼 오래 버티지 못하고 허우적거리며 물 밖으로 나와요. 곧 어린 새들이 수면에 둥둥 떠올라요. 등에서 새끼를 모두 내려놓은 부모는 몇 미터 정도 잠수한 뒤 새끼들 앞에 모습을 드러냈죠. 어린 새들은 열심히 판족을 저어 부모 등에 다시 올라타려고 했어요. 이런 과정이 여러 번 반복되며 새끼들이 자연스럽게 수영하는 법을 배우게 된답니다.

부모는 자신의 몸에서 부드러운 깃털을 뽑아 새끼에게 먹이기도 해요. 물고기를 통째로 삼킨 새끼가 가시 같은 찌꺼기를 상처 없이 토해 내도록 돕기 위해서죠. 수리부엉이 같은 맹금류는 통째로 삼킨 먹이의 털이 펠릿을 뱉어 낼 때 안전판 역할을 하지만 뿔논병아리의 주식인 물고기나 새우는 털이 없으니까 부모가 자신의 털을 뽑아 도와줘요.

육아 전쟁이 절정에 이를 무렵 멋쟁이 뿔논병아리는 외모를 꾸밀 여유가 없는 것 같아요. 곱게 빗은 단발머리처럼 가지런했던 적갈색 귀깃은 물

에 흠뻑 젖어 축 늘어져 있었어요. 새끼를 업어 키우던 등은 온통 지저분한 수초가 뒤덮여 있고요. 머리 전체가 잔뜩 풀어 헤쳐져 산발하고 있었어요. 먹이 사냥 때문에 연신 자맥질하느라 등에 물기를 털어 낼 틈도 없었나 봐요. 춤을 출 때 한껏 부풀려 올려 멋을 낸 뿔 깃이 엉망이 됐어요. 육아에 지친 어머니의 모습이 떠올랐어요.

막 자맥질을 마친 어미 새가 물에 흠뻑 젖어 머리는 산발하고 몸에는 수초를 잔뜩 뒤집어쓰고 있다.
Canon EOS 1DX F/8 1/1000s ISO:400 렌즈:800mm

4 다리 잃은 장다리물떼새

2016년 봄, 다리 잃은 장다리물떼새가 날아왔다는 소식이 들렸어요. 놀라운 이야기를 듣고 급히 충청남도 천수만으로 향했습니다. 장다리물떼새에게 천수만과 서산 간척지는 고향과 같은 곳입니다. 봄, 가을 이동 시기에만 볼 수 있는 희귀한 나그네새로만 알려졌는데 1998년 이곳에서 번식하는 모습이 처음 확인됐어요.

갓 모내기를 마친 논에는 한 뼘 정도 자란 모가 심어져 있었어요. 푸른 모 사이의 장다리물떼새 20여 마리가 금방 눈에 들어왔어요. 아주 가늘고 긴 분홍색 다리로 논을 성큼성큼 걸으며 먹이 사냥을 하고 있었어요. 기다란 부리로 연신 물속을 콕콕 찔러대거나 논바닥이나 갯벌 구멍에 깊숙이 밀어넣어 먹이를 잡았어요. 부리로 입안에 물을 떠 넣으며 물속 깔따구 유충을 먹기도 하죠. 한참 먹이를 잡던 새들은 잠시 제자리에 서서 고개를 숙인 채 몸을 앞뒤로 까딱까딱 흔들면서 여유를 부리고 논물에 몸을 적셔 가며 깃털을 손질하기도 했어요.

무리 중에 다리가 잘린 장다리물떼새 한 마리가 눈에 띄었어요. 발걸음을 뗄 때마다 물속에서 몸이 심하게 뒤뚱거렸는데 특히 오른발을 디딜 때마다 거의 주저앉았다 다시 일어나기를 반복했어요. 물속이라 다행히 몸에 큰 충격을 받지 않는지 곧 중심을 잡고 일어섰어요. 다리가 멀쩡한 새들은 모두 긴 다리로 몸이 불편한 새를 성큼성큼 앞서가며 잰 부리질에 여념이 없었어요. 새는 동료보다 뒤처지기 일쑤였고 무리를 따라다니기도 벅차 보였어요.

뒤뚱거리는 장다리물떼새를 자세히 보니 오른쪽 다리 무릎 아래가 잘려 나가 있었어요. 다른 새와 마찬가지로 연신 부리질을 하고 있었지만 먹이를 제대로 잡았는지는 확실하지 않았어요. 한번은 먼저 위험을 감지한 한 새가 날카로운 소리로 '캑' 하고 경계음을 냈어요. 새들이 놀라 한꺼번에 날아올랐죠. 꼬리 뒤로 긴 다리를 쭉 뻗고 나는 모습을 보니 잘린 부위가 선명하게 드러났어요. 걱정했던 것과 달리 빠르게 비행하는 무리를 따라 잘 어울려 다녔어요. 상처가 완전히 아물어 굵어진 다리 마디를 보면 사고가 난 지는 꽤 긴 시간이 지난 것 같았어요. 하지만 상처 부위만으로는 전문가들도 새가 언제 어떤 사고로 다리를 잃었는지 구체적으로 짐작하기 어렵다고 했어요.

장다리물떼새처럼 습지에 살고 물 주변을 다니며 먹이를 구하는 새를 섭금류로 분류해요. 이들에게 버려진 낚시 줄이나 나일론 끈은 매우 위협적이에요. 투명한 낚시 줄은 특히 눈에 잘 띄지 않아 새들이 피해다니기 쉽지 않아요. 한번 다리에 감기면 올무처럼 점점 더 옥죄어 들어요. 결국 새들은 온몸과 날개가 줄에 감겨 위험한 상태에 처하거나 다리를 잃게 되는 경우가 많다고 해요.

철새들은 위험을 무릅쓰고서도 꼭 먼 거리 여행을 떠나야만 해요. 먹이를 찾고 번식을 하기 위해서이지요. 멀고 험한 여행이 힘들고 고통스러워 몸이 성한 새도 종종 위험에 처하거나 불의의 사고를 당하기도 해요. 장다리물떼새는 매년 가을이면 대만, 홍콩 같은 동남아시아나 멀리 오스트레일리아까지 날아가 겨울을 난 뒤 봄이면 한반도로 날아와요.

한쪽 다리를 잘린 새는 다행스럽게도 불편한 다리로 작년 가을과 올봄, 두 차례나 장거리 이동을 무사히 마쳤어요. 지난해도 이곳에서 발견됐거든

한쪽 다리가 잘린 장다리물떼새가 천수만 간척지 논에서 날아오르고 있다.
수컷(오른쪽)이 암컷보다 머리가 더 짙은 검은색이다. 수컷은 몸 윗면이 진한 녹색을 띠고, 암컷은 어두운 갈색이다. 부리와 다리가 매우 가늘고 긴 장다리물떼새는 얕은 물을 걸으며 동물성 먹이를 잡아먹고 산다. 희귀한 나그네새로만 알려졌으나 1998년 충남 서산 간척지에서 번식하는 모습이 처음으로 확인됐다.

Canon EOS 1DX Mark II F6.3 1/1600s ISO:1250 렌즈:600mm

요. 올해는 혼자가 아니었어요. 짝이 된 수컷이 옆에 있었어요. 기특하게도 수컷은 다리가 불편한 암컷 주변을 거의 떠나지 않고 있었어요. 논에서 함께 먹이를 찾다가 논두렁에 나란히 앉아 쉬기도 했어요. 서로 사랑을 나누는 모습도 볼 수 있었어요.

    습지의 멋쟁이로 알려진 장다리물떼새는 독특한 짝짓기 행동과 뒤풀이 행진으로 유명해요. 사랑을 나누고 한 쌍은 나란히 서서 가슴과 머리를 밀착해 다정한 자세를 취하죠. 이때 날개를 들어 마치 연인 어깨에 손을 두르는 것처럼 감싸 안기도 해요. 몸을 딱 붙인 채 연인의 볼에 얼굴을 비비며 사랑스런 결혼 행진을 선보여요. 둘이 발을 맞추어 걸어가는 의식은 기다란 부리를 엑스 자 모양으로 교차하며 끝을 맺어요. 머리를 뒤로 약간 젖혀 로맨틱하게 사랑의 맹세를 확인하는 절차예요.

함께 행진하며 부리를 맞댄 커플이 기적을 만들어 낼 수 있을까요? 함께 둥지를 지어 알을 낳고 새끼를 키우는 모습도 보고 싶었어요. 하지만 극적인 생존을 넘어선 번식 장면은 볼 수 없었어요. 지난해처럼 어딘가로 자취를 감추었어요.

수컷이 한쪽 다리를 잃은 암컷 등에 올라타 짝짓기를 시도하고 있다.

다리가 잘린 개체도 무리와 어울려 함께 비행하고 있다.

　아무리 건강한 새일지라도 야생에서 평생 풍부한 먹이와 함께 안전하게만 지낼 수는 없어요. 장애가 있더라도 일정 기간 야생에서 버틸 수 있겠지만 먹이가 부족한 보릿고개 같은 힘든 시기에도 몸이 불편한 새가 잘 이겨낼 수 있을까요? 새들의 앞날이 무사하기를 바랄 뿐입니다.

5. 물 마시러 가는 길이 너무 무서워요

　인천광역시 중구 운염로 14-3(중구 중산동 산 345-1)는 인천국제공항으로 향하는 영종대교 바로 아래에 있는 섬, 운염도예요. 갯벌이 잘 보존되어 있어 다양한 철새들이 서식하고 붉은 칠면초가 장관을 이루던 곳이었죠.

　지금은 준설토 투기장으로 쓰이고 있어요. 인천항에서 퍼 온 흙을 쌓아 놓았어요. 한강에서부터 흘러내린 퇴적토가 쌓이기 때문에 일정 수심을 유지하려면 흙을 퍼내야 해요. 그래야 큰 배가 드나들 수 있어요. 운염도에 산처럼 쌓아 놓은 개흙은 시간이 흘러 굳게 다져져 땅처럼 변했어요.

잠시 둥지를 비웠던 어미가 붉은 칠면초 사이에서 마지막 남은 알을 품고 있다. 한 둥지에 네 개의 알을 낳는 장다리물떼새는 알이 부화하는 순서대로 어린 새를 둥지 밖으로 불러낸다.

부화한 지 2주 정도 된 어린 장다리물떼새가 어미와 함께 물을 찾아가고 있다. 습지를 파헤치고 도랑을 만들면서 습지에 물이 급격하게 줄어들었다. 어린 새는 숨을 데가 전혀 없고 천적의 위험에 고스란히 노출된 땅을 지나 물 있는 곳까지 한참 걸어나가야 한다.

Canon EOS 1DX F/6.3 1/640s ISO:2500 렌즈:500mm

매립지 한가운데가 꺼지고 빗물이 고였어요. 주변에 풀이 자라 작은 습지처럼 변했어요. 하지만 쌓아 둔 흙이 썩어 고약한 냄새가 진동을 하는 곳이었죠.

2016년 6월, 장다리물떼새가 이곳에서 번식을 시도했어요. 붉은칠면초 사이 10여 개 둥지에는 약속이나 한 듯 알이 네 개씩 있었어요. 불규칙한 모양의 갈색 얼룩무늬 알을 암수가 교대로 품었어요. 무더위가 시작될 무렵, 새 생명이 태어났어요. 알을 품은 지 25일 만이었어요. 개흙 냄새가 진동하는 매립지에서 어미 새는 뜨거운 태양을 견디고 비바람을 맞으면서도 알을 지키고 있었죠.

새끼가 깨어나면 어미가 둥지에서 가까운 물로 불러들여요. 장다리물떼새는 태어난 지 얼마 지나지 않아 바로 둥지를 떠나고 혼자서 먹이 활동도 할 수 있어요. 알에서 나와 깃털이 마르기 무섭게 어미를 따라나선 새끼는 아직은 다리 힘이 부쳐 비틀비틀하며 물가로 나왔어요.

하루 하나씩 알이 부화할 때마다 어미는 둥지에서 알 껍질을 물고 나왔어요. 물어 온 껍질은 물로 깨끗이 씻어 어린 새의 체취를 완전히 없앤 뒤 내다 버려요. 새끼를 노리는 천적으로부터 어린 새들을 보호하기 위해서예요. 둥지를 벗어나도 어미는 수시로 새끼를 품어요. 그럴 때마다 어미는 자신의 기다란 다리를 뒤로 꺾은 채로 앉았다 일어나기를 반복하죠. 체온 조절 능력이 부족한 어린 새들은 물에 들어갔다 나올 때나 또 천적이 나타나 어미가 경계음을 울릴 때 바로 어미 품을 파고들어요.

운염도에는 10여 개 둥지에서 번식하던 부부를 포함해 총 50여 마리가 넘는 장다리물떼새가 집단으로 서식했어요. 이들은 새홀리기나 황조롱이 같은 맹금류가 출몰하면 누가 먼저랄 것도 없이 크고 날카로운 쇳소리를 내며 날아가 침입자를 자신들의 영역 밖으로 쫓아냈어요. 덩치 큰 까마귀나 성격이 사나운 갈매기도 얼씬 못하게 했어요. 주변에 함께 둥지를 튼 꼬마물떼새와 흰물떼새 그리고 붉은발도요와는 이웃처럼 지냈지만요.

이곳에서 대규모 개발 사업을 계획하던 사람들에게 매립지에 둥지를 튼 새는 불청객에 불과했어요. 중장비를 몰고 온 사람들은 매립지 내 습지 바닥을 마구 파헤쳤어요. 다가올 여름철 장마에 대비하고 물에서 번식하는 모기와 각다귀 유충을 없애야 한다는 이유로요. 사람들은 매립지 가장자리에 깊이 도랑을 치고 대형 양수기로 물을 퍼서 습지의 물을 모두 없애기 시작했어요. 매립지 안 습지와 새의 서식지가 한꺼번에 사라질 위기였어요.

물 없이 살 수 없는 어린 새들은 아직 날개에 힘이 붙지 않아 물을 찾아 다른 곳으로 날아갈 수도 없는 상황이었어요. 다행스럽게도 생태 전문가의 항의와 민원이 잇따르면서 물 빼기 공사는 잠시 중단됐지만 이미 매립지 내 호수 크기는 10분의 1로 줄어들었어요. 물이 빠지면서 드러난 바닥은 반나

절 만에 쩍쩍 갈라졌어요.

　이 일이 있고 나서 어린 새들은 하루에도 몇 번씩 위험을 무릅쓰고 물과 주변 수풀을 오가야 했어요. 물에서 먹이를 찾다 체온이 떨어진 새끼들은 어미가 수시로 품어 주어야 하거든요. 하지만 마른 습지 바닥은 몸을 숨길 곳 하나 없는 곳이라 천적의 눈을 피하기 어려웠어요. 수풀로 이동하는 중에 천적이 나타나기라도 하면 장다리물떼새 가족은 거의 혼비백산해야 했어요. 어미는 경계음을 내며 어린 새를 숨기기 좋은 수풀로 불러들이려 했어요. 하지만 허둥지둥 날아가 어린 새를 품고 허허벌판 땅에 넙죽 엎드려 천적이 무사히 지나가기를 바랄 수밖에 없었어요. 땅거미가 내려앉기 시작하면 부모의 마음은 더 바빠져요. 어린 새를 데리고 거북등처럼 갈라진 습지 바닥을 가로질러 안전한 잠자리를 찾아 종종걸음을 쳐야 하거든요. 잠자리와 먹이터를 오갈 때마다 어미 새는 몇 번씩이나 새끼를 품어 위험을 피하곤 했어요.

　사진을 찍는 사람들이 몰려 장다리물떼새들이 몸살을 앓기도 했어요. 한꺼번에 많은 사람들이 둥지 가까이 다가가 어미 새의 포란을 방해했어요. 주변의 방해로 어미가 알을 품지 못하면 알이 열을 받아 너무 뜨거워지거나 기온이 낮을 땐 식어 버려 부화에 실패하는 경우도 있어요.

　그해 장다리물떼새는 우여곡절 끝에 번식을 마친 것으로 보였어요. 하지

당황한 어미 새가 기다란 다리를 ㄴ자 모양으로 접고 앉아 새끼를 품으려 하고 있다. 장다리물떼새 가족이 방황하고 있는 곳에 몸을 숨길만 한 곳은 보이지 않는다.

Canon EOS 1DX F/5.6 1/200s ISO:2000 렌즈:800mm

만 이듬해 다시 찾은 운염도에서는 더 이상 장다리물떼새 둥지를 찾을 수 없었어요. 어미 새가 벌인 사투가 너무 힘에 겨웠나 봐요.

    갯벌 매립지에 관광 레저 단지를 만들어서 커다란 골프장을 짓고 워터파크와 쇼핑몰까지 들어서면 수많은 사람들이 몰려들겠죠. 새들은 모두 떠나 버리고 말이에요.

알 네 개가 부화해도 모두 어른 새로 살아남기는 쉽지 않다. 부화한 지 열흘 정도 지나 남은 새끼 두 마리가 어미와 함께 먹이를 찾고 있다.

6 빼어난 은신술, 호사도요

"호사도요 둥지가 발견됐다고요?"

전화를 받자마자 한달음에 경기도 화성 화옹간척지로 향했어요.

화옹간척지는 1991년부터 화성시 서신면 궁평항에서 우정읍 매향리까지 9.8킬로미터 바닷물을 막아 만든 농경지에요.

도착한 곳은 지난 이른 봄, 장다리물떼새 수십 마리가 집단 번식을 했던 곳이었어요. 모내기를 앞두고 써레질 순서를 기다리던 논이었죠. 논을 갈지 않고 그대로 두어 묵은 벼 그루터기와 커다란 흙덩이가 군데군데 물 밖으로

호사도요(천연 기념물 제449호)의 가장 큰 특징은 빼어난 은신술이다. 동작이 재빠르지 않지만 사람 시야에서 사라지는 재주를 가지고 있다. 알을 품고 새끼를 키우는 호사도요 수컷이 둥지 뒤에서 주변을 경계하며 천천히 둥지로 올라가려 하고 있다.

Canon EOS 1DX Mark II F/4 1/1320s ISO:1000 렌즈:600mm

드러나 있었어요. 논 한 구역에서 무려 열일곱 개 둥지가 무더기로 발견되기도 했어요. 여름 철새로 알려진 붉은발도요와 쇠물닭도 같은 논에 둥지를 만들어 비슷한 시기에 알을 낳아 새끼를 키웠어요.

이제 여름으로 접어들기 시작했으니 새들의 번식이 얼추 끝났겠다고 생각하던 차에 귀한 호사도요가 날아들었다는 소식을 들었어요. 한 농부가 한 해 농사를 포기하고 그대로 둔 논은 군데군데 잡풀이 자라 버려진 땅처럼 보였는데, 귀한 자연의 손님이 찾아오는 집단 번식지가 된 셈이죠.

장다리물떼새를 보기 위해 여러 번 찾아왔던 곳이지만 이번에는 이상하게 둥지를 찾을 수 없었어요. 논에 잡풀이 무성하지도 않았는데 휑한 논에서 아무리 보아도 둥지는 눈에 띄지 않았어요. 하는 수 없이 차에서 내려 직접 찾아 나섰어요. 발품을 한참 팔고서야 가까스로 둥지가 눈에 들어왔어요.

둥지는 물 밖으로 드러난 흙덩이 사이에 잡풀이 자란 곳이 있었어요. 눈에 잘 띄지 않을 만한 곳을 찾아 둥지를 지은 것 같아요. 논둑에 서면 보는 각도에 따라 아예 눈에 띄지 않는 자리였어요. 논둑으로 걸어 다니는 농부들조차 둥지 옆을 무심코 지나칠 수밖에 없을 정도였어요. 차에서 보면 시야가 더 높아져 둥지는 전혀 보이지 않았어요.

게다가 새는 둥지 주변에 자란 잡풀 끝을 서로 엮어 지붕처럼 둥지 위를 덮어 놓았어요. 묵은 볏짚과 풀을 쌓아 올린 둥지에는 짙은 갈색 바탕색에 검은 얼룩무늬의 알이 각각 네 개씩 있었어요. 보호색을 띤 알은 둥지 주변 흙덩이와 묵은 볏짚과 색깔이 비슷했어요. 쌍안경을 들고 자세히 살피지 않으면 둥지 안 알을 찾기 어려울 정도였어요. 둥지만 찾기 어려운 게 아니었어요.

호사도요는 은신의 귀재로 잘 알려져 있어요. 그렇다고 새의 동작이 빠르지는 않아요. 빨리 날지도 않고요. 하지만 눈앞에서 순식간에 사라져 버리는 재주를 가지고 있다고나 할까요. 자신의 몸과 비슷한 색의 수풀과 흙덩이 뒤에 바짝 붙어 몸을 숨기거나 급하면 물에 몸을 반쯤 담그면서 사람의 시야에서 벗어났어요. 한번 시야에서 벗어나면 숨어 있는 새를 다시 찾아내기는 더 어려웠어요. 호사도요는 느릿느릿 움직이면서도 마음만 먹으면 사람이나 천적의 시야에서 벗어날 수 있다는 자심감에 차 있는 것 같았어요. 사람이 바로 앞에 서 있어도 자신을 발견하지 못했다고 판단했는지 한참을 꼼짝달싹 않고 있었어요. 얼마나 오래 버티던지 나의 인내심을 시험하는가 싶기도 했어요.

호사도요가 습지를 걷는 모습은 마치 슬로비디오의 한 장면 같았어요. 조심스레 물에서 들어 올린 발을 내딛을 때는 발가락 끝을 먼저 물에 담가요. 물에 발가락이 닿는 순간이 보일 만큼 아주 느리게 말에요. 마치 뜨거운 물에 발을 담그는 것 같았어요. 잔잔한 수면에는 작은 물결도 일지 않을 정도였어요. 고개를 숙여 머리와 부리를 낮게 유지하면서 수면 위로 몸이 드러나

지 않게 해요. 부리는 몸에 비해 그리 길지 않아요. 끝이 뭉툭하고 아래로 휘어져 있는데 물에 반쯤 잠기기도 했어요.

호사도요는 알을 품기 시작하면 더 조심스럽게 행동해요. 둥지를 드나들 때면 둥지 주변 수풀이나 흙덩이 또는 벼 그루터기를 엄폐물로 삼아 이동했어요. 엄폐물을 옆에 끼고 다니거나 풀이나 벼 포기 사이로 다녀 거의 눈에 띄지 않게 말이에요. 조심스럽게 움직이던 새는 주변에서 나는 소리와 물결 파동에 아주 민감하게 반응했어요. 수상한 소리가 나거나 물의 파동을 감지하는 즉시 주변 은폐물에 몸을 숨긴 채 침입자가 있는지, 어디서 수상한 소리가 나는지 확인하고 나서 수풀 사이를 지나 둥지로 들어갔어요. 둥지로 올라설 때는 양발의 물기를 탁탁 털어 낸 뒤 알을 품는 모습이 인상적이었죠.

호사도요는 자연에서 보기 드물게 일처다부제의 습성을 가지고 있어요. 짝을 맺어 둥지에 알을 낳고 나면 암컷은 또 다른 수컷을 찾아 구애 활동을 해요. 둥지를 만들고, 알을 품고, 새끼를 키우는 일은 수컷 몫이에요. 부화를 앞둔 알이 있는 둥지 옆에서 며칠이나 지켜보았어도 암컷은 눈에 띄지 않았어요. 호사도요란 이름은 육아와 집안일에서 자유로운 암컷이 '호사스러운 생활'을 한다고 해 붙여졌다고 해요. 화려한 깃털과 외모 때문에 얻은 이름이 아니죠.

암컷의 깃털은 수컷보다 훨씬 화려해요. 수수한 깃털을 한 수컷과 달리

끝이 뭉툭하고 아래로 휘어진 부리를 물에 반쯤 담근 호사도요 수컷이 조심스럽게 움직이고 있다.

화려한 외모를 가진 호사도요 암컷이 날개를 펄럭이며 과시 행위를 하고 있다. 호사도요는 암수의 역할이 독특하다. 일처다부의 번식 습관이 있고, 수컷이 포란과 육추를 전담한다. 암컷이 수컷에 접근해 구애 활동을 한다.

Canon EOS 1DX Mark II F/14 1/400s ISO:500 렌즈:600mm

멱과 목에 적갈색 깃털이 뚜렷한 암컷은 눈 뒤로 길게 이어져 돋보이는 흰 테를 가지고 있어요.

호사도요 둥지 주변에는 반드시 다른 둥지가 있기 마련이에요. 수컷에게 포란과 육추를 맡긴 암컷은 다른 수컷을 찾아 데이트를 시작하면서 다른 수컷에게 둥지를 짓게 하거든요. 암컷 한 마리가 멀지 않은 곳에 만든 둥지 서너 개에 모두 알을 낳아요. 암컷은 둥지 주변 풀숲에서 지내며 수컷이 포란과 육아를 잘하고 있는지, 알이 모두 부화되는지 지켜봐요. 이런 행동은 번식 성공률을 높이려는 생존 전략 중 하나라고 해요. 호사도요는 조그만 하천이나 논에 둥지를 만드는데 번식기(4월~7월)에는 집중 호우가 잦아 둥지가 물에 잠기기 일쑤예요. 그러니 번식률이 떨어질 수밖에 없어요. 암컷이 비슷한 시기에 여러 수컷과 동시에 번식하면서 번식 실패에 대한 위기를 극복하고 번식 가능성을 높일 수 있어요.

논두렁 바로 옆에 둥지가 있어 수컷이 알을 품는 모습을 관찰하기 어려워서 둥지 한군데에 무인 카메라를 설치했어요. 논두렁 수풀 사이에 먼저 위장 텐트를 치고 그 안에 카메라를 숨겼어요. 20여 미터 떨어진 곳에 세워 둔 차 안에서 새를 모니터하며 카메라 셔터를 누를 기회를 엿보고 있었어요. 하지만 날이 훤해지고 해가 중천에 가까워졌는데도 수컷이 좀체 둥지로 들어오지 않았어요. 번식기에 어미가 둥지를 계속 비워 두게 할 수는 없었거든요.

나는 점점 조급해졌어요. 게다가 눈도 뜨기 힘들 정도로 달려드는 각다귀에 시달리다 결국 사진 찍기를 포기하고 철수할 수밖에 없었어요. 한여름이라 해를 피할 데 없는 간척지 한가운데서 낮 시간을 버티기는 쉽지 않았어요.

현장에서 철수한 뒤 카메라에 찍힌 영상을 자세히 보니 새가 나타나지 않은 게 아니었어요. 수컷은 둥지 바로 옆에 있었어요. 몸을 둥지에 바짝 기대고 반 잠수 상태로 눈만 껌뻑이면서 있었죠. 아마 둥지 앞에 설치한 카메라와 위장 텐트가 수상하다고 생각했나 봐요. 카메라에 찍힌 영상을 다시 살펴봐도 깜빡이는 눈과 미세하게 떠는 등만이 생물체가 있음을 가늠케 했어요.

새 생명이 태어나는 장면은 결국 보지 못했어요. 부화를 앞두고 둥지에 있던 알 여덟 개가 모두 사라지는 사고가 났거든요. 둥지와 알이 훼손된 뒤에는 수컷도 더는 보이지 않았어요.

묵은 벼 그루터기와 물 밖으로 드러난 흙덩이 사이에 비밀스럽게 지어 놓은 호사도요 둥지는 눈에 잘 띄지 않는다.
Canon EOS 1DX Mark II F/4 1/1000s ISO:800 렌즈:600mm

몽골・시베리아・알타이 탐조 여행

1 아홉 마리 큰고니 가족의 행진

'겨울 철새들은 고향에서 어떻게 여름을 나고 있을까?' 궁금증을 가지고 몇 해 전 몽골로 야생 조류 번식지 조사를 다녀왔어요. 살인적인 추위가 길게 이어지는 몽골의 겨울을 피해 날아왔던 새들은 둥지를 짓고 새 생명을 키우며 여름 나기가 한창이었죠. 독수리, 재두루미, 큰고니와 개리처럼 멸종 위기에 처해 있거나 혹부리오리, 뒷부리장다리물떼새처럼 보기 힘든 새도 만날 수 있었어요.

3시간 30분 정도 비행기를 타고 몽골의 수도 울란바토르에 도착한 일행

은 첫 목적지인 군갈루트 자연보호구역으로 향했어요. 울란바토르에서 남동쪽으로 뻗은 비포장 길을 두 시간여 달리니 사방이 모두 하늘과 맞닿을 듯 끝없이 넓은 초원이 눈앞에 펼쳐졌어요.

해발 1천 7백 미터 높이의 고원에 자리한 초원에는 군데군데 습지가 한데 어우러져 있었죠. 그곳은 강수량이 극히 적은 데다 고원이라 짧은 여름을 제외하고는 기온이 크게 오르지 않아요. 척박한 환경이라 키 큰 나무는 찾아볼 수 없었죠. 하지만 몽골에서 가장 긴 헤를렝(Kherlen)강이 초원 한복판을 굽이굽이 흐르며 마른 초원을 적시는 곳이었어요. 비는 거의 내리지 않지만 드물게 내린 폭우에 넘친 강물 때문에 초원에는 수많은 물웅덩이와 습지가 생겨났다고 해요.

초원과 강 그리고 습지가 함께 만들어 낸 다양한 서식 조건 덕분에 생물 다양성이 풍부하고 강 주변 물가를 따라 새들이 번식하는 환경을 갖게 됐어요.

첫날 몽골의 이동 가옥인 게르에서 하룻밤을 보냈어요. 다음 날 아침 일찍 밖으로 나와 보니 사방으로 펼쳐진 끝없는 푸른 초원이 현실 같지 않았어요. 진짜 자연의 모습이었지만 마치 자연처럼 꾸며진 곳 한가운데 있는 느낌이었어요. 하늘은 초원보다 더 짙은 쪽빛이었고 하얀 뭉게구름이 두둥실 떠다니고 있었죠. 초원에는 유목민이 풀어 놓은 양과 염소가 점점이 흩어져 짧은 몽골의 여름을 만끽하며 풀을 뜯고 있었어요.

일행과 함께 초원의 원시적 아름다움에 취해 주변을 둘러보다 큰고니(천연기념물 201-2호)를 만났어요. 한 쌍이 뒤뚱뒤뚱 초원을 걷고 있었죠. 발걸음을 잠시 멈추고 지켜보니 덩치 큰 어미뿐 아니라 온몸에 회색 솜털이 보송한 어린 새도 주변 수풀에 숨어 있었어요. 키 작은 풀에 가려 보이지 않던 새끼들이 어미 옆으로 슬금슬금 모이기 시작했어요. 제법 자랐지만 아직 날지는 못하는 어린 새가 모두 일곱 마리나 됐어요. 탐조 경험이 풍부한 일행도 큰고니 아홉 마리가 한 식구를 이룬 대가족은 처음 봤다고 했어요. 월동 중인 큰고니를 관찰해 보면 새로 태어난 어린 새가 두 마리인 경우가 많거든요. 가끔 서너 마리 새끼를 데리고 오거나 아주 드물게 다섯 마리까지는 본 적이 있어요. 한 둥지에 낳은 알 여덟 개 모두를 부모가 천적으로부터 지켜내기는 어려운 일인가 봐요.

사람 발길이 거의 없던 초원 한복판에서 사람과 맞닥뜨린 큰고니들은 잠시 당황한 눈치였어요. 이방인의 접근을 먼저 눈치챈 어미가 몸을 숨긴 채 살며시 고개를 들어 주변을 살폈죠. 어미는 일단 주변에 흩어진 어린 새를 불러 모았어요. 어린 새들이 아직 날지 못하니, 아이들을 데리고 이방인으로부터 조금씩 조금씩 멀어질 계획이었겠죠. 하지만 아직 세상 물정 모르는 새들은 부모의 뜻대로 일사불란하게 따라오지 못했어요. 평화롭던 초원에 나타난 불청객들이 자리를 비켜 주지 않으니, 이번에는 아빠 고니가

앞에는 엄마, 뒤에는 아빠. 아홉 마리 대가족을 이룬 큰고니(천연기념물 201-2호)가 나란히 한 줄로 서서 초원을 걷고 있다. 길고 가는 목을 가진 대형 물새인 고니류는 우리나라에서 큰고니와 고니(천연기념물 제201-1호, 멸종위기 야생생물2급), 혹고니(천연기념물 제201호, 멸종위기 야생생물1급)를 관찰할 수 있다. 큰고니보다 몸집이 조금 작은 고니는 부리 기부의 노란색 부분이 좁고 끝이 둥근 편이다. 주황색 부리와 눈 앞에 검은 혹을 가진 혹고니는 우리나라를 찾는 고니류 중에 가장 수가 적다.

Canon EOS 1DX F/6.3 1/1000s ISO:400 렌즈:600mm

이방인의 이목을 끌기 위해 비행에 나섰던 큰고니가 다시 가족이 모여 있는 곳에 내려앉고 있다.
Canon EOS 1DX F/6.3 1/1000s ISO:400 렌즈:600mm

슬슬 움직이기 시작했어요. 가족과 멀어지며 반대쪽으로요. 뒤뚱뒤뚱 물웅덩이로 걸어가서 몸에 물을 적시고 커다란 날개를 퍼덕거렸어요.

주위를 산만하게 만들던 수컷이 이번에는 물위를 냅다 내달렸어요. '우당탕탕'거리며 요란스럽게 물탕이 튀었어요. 몸무게가 10킬로그램이 넘어 육중한 몸집을 가진 고니는 오리과 새 중 가장 덩치가 큰 편이에요.

시끌벅적한 도움닫기를 하던 수컷이 하늘로 날아올랐어요. 아빠 고니가 불청객의 시선을 끌기 위해 애쓰는 동안 엄마 고니는 일곱 마리 새끼들과 함께 풀 사이로 슬금슬금 뒷걸음질치듯 사람들로부터 멀어져 갔어요. 사람들과 충분히 멀어졌다고 판단한 아빠 큰고니가 멀리서 다시 날아왔어요. 이번엔 가족들 바로 옆 물웅덩이로 사뿐히 내려앉았어요. 어린 새들에게 하늘에서 내려오는 멋진 착지 방법을 보여 주려는 듯 두 다리를 앞으로 쭉 내밀고, 오리발을 활짝 벌려 물위로 미끄러지듯 말이죠.

앞장서서 걷는 엄마 고니를 따라 일곱 마리 어린 새들이 다시 줄줄이 행진을 시작했어요. 가족의 안전을 지킨 아빠 고니는 두리번두리번하며 맨 뒤에서 따라갔어요. 모두 아홉 마리 큰고니 대가족이 초원의 풀 사이로 멀어져 갔어요. 어린 새들은 키 작은 풀 사이로 보였다 사라지곤 했는데 초원 습지대는 평평해 보이지만 실제로는 올록볼록한 돋을새김 문양을 한 지형 때문에 일어나는 현상이에요.

멀리서 지켜보고 있으니 큰고니 가족은 여유롭고 한가로워 보였어요. 볕 좋은 여름날 초원으로 나들이 나온 것처럼요. 구름에 가려 초원 한쪽에 그림자가 길게 드리우기 시작했어요. 뒤뚱뒤뚱 걷던 아홉 마리 큰고니 대가족이 몽골 초원 지평선을 향해 그림자 속으로 서서히 사라졌어요.

여름이 지나면 군갈루트 자연보호구역 제일 큰 물웅덩이로 큰고니 수백 마리가 한꺼번에 몰려든다고 해요. 초원에 흩어져 새끼를 키워 낸 큰고니들이 고향을 떠날 때거든요. 우렁찬 트럼펫 같은 큰고니 울음소리로 초원이 시끌시끌했어요. 장거리 여행에 나설 어린 새들을 위한 막바지 비행 훈련도 한창이었어요. 새들은 몽골의 추위가 본격적으로 시작되기 전 따뜻한 남쪽으로 멀고 험한 길을 떠나야 해요.

낙동강 하구에서는 1천여 마리가 함께 모여 겨울을 나기도 해요. 고니는 한겨울 강과 호수에서 물, 얼음, 눈, 갈대와 한데 어우러져 환상적인 겨울 풍경에 한몫한답니다. 물안개 자욱한 어느 겨울날, 아홉 마리 큰고니 대가족이 물위를 미끄러지듯 헤엄쳐 안개 속에서 불쑥 나타나지 않을까요?

볕 좋은 여름날, 나들이 가듯 큰고니 가족이 끝도 없이 넓은 초원의 지평선으로 사라지고 있다.
Canon EOS 1DX F/10 1/1000s ISO:4000 렌즈:600mm

2. 3일의 기다림 끝에 다시 만난 검독수리

바위산 비탈면에 위장 텐트를 치고 이틀째 숨어 있었어요. 위장 텐트 뒤로는 광활한 군갈루트 초원이 끝도 없이 펼쳐져 있고 하늘에는 뭉게구름이 떠다녔어요.

몽골 군갈루트 자연보호구역 안 바위 절벽에서 번식 중인 검독수리(멸종위기 야생동식물 1급, 천연기념물 제243호) 둥지를 지켜보고 있었어요. 마른 나뭇가지를 켜켜이 쌓아올려 만든 접시 모양 둥지에 어린 새 혼자 웅크리고 있어요. 태어난 지 한두 달쯤 된 어린 새는 내내 잠만 잤어요. 가끔 잠에서

나뭇가지를 쌓아 올린 검독수리 둥지 틈바구니에 참새가 둥지를 틀었다.
참새 역시 어린 새를 키우느라 연신 자신의 둥지로 드나들고 있다.

Canon EOS 1DX F/5 1/1000s ISO:400 렌즈:600mm

깨면 둥지를 벗어날 시기가 다가오는지 둥지에서 뛰어올라 날갯짓 연습을 하는 모습도 보였어요. 몸을 둥지 밖으로 돌려서 시원하게 배설을 하기도 하고요. 검독수리 둥지 밑에 더부살이하는 참새도 새끼를 키우는지 연신 자신의 둥지로 드나들며 무료한 어린 새를 달래고 있었어요.

 둥지에서 30여 미터쯤 떨어진 곳에 텐트를 펼쳤어요. 보이지 않지만 어미 검독수리는 드넓은 헤를렌 강 주변 습지대와 초원을 누비며 사냥을 하고 있을 거예요. 이들은 세력권이 무려 90제곱킬로미터나 되거든요.

 위장 텐트에 숨어 어미 새를 기다리는 일은 인내심이 필요해요. 좁은 텐트 안에서 작은 의자에 쪼그리고 앉아 있으면 엉덩이가 아프고 발이 저리기도 해요. 끼니를 때워야 하고 용변도 해결해야 해요. 몽골에서는 해가 내리쬐기 시작하면 아침에도 텐트 안이 달궈져 금방 더워져요. 구름에 가려 잠시 그늘이 지면 다시 한기가 돌 만큼 서늘해지기도 하고

검독수리를 촬영하기 위해 몽골 바위산에 위장 텐트를 치고 있다.
둥지가 위치한 계곡 너머로 광활한 몽골 초원과 헤를렌 강이 한눈에 보인다.
Canon EOS 5D Mark VI f/10 1/125s ISO100 렌즈:24-70mm

요. 이런 불편을 감수하면서 몰래 텐트 안에 숨는다고 하지만 새들은 불청객의 존재를 훤히 알고 있다고 하네요. 다만 어미 새가 '텐트 안에 있는 사람이 아기에게 덜 위험한 존재구나'라는 생각을 해 주길 바랄 뿐이었어요.

지루한 시간이 얼마나 흘렀을까요. 가만히 웅크리고 있던 새가 둥지에서 요란하게 날갯짓을 시작했어요. 둥지 밖을 향해 입을 벌리고 소리를 쳤어요. 사냥 나간 어미가 들어오는 걸 눈치챈 것 같았어요. 텐트 안에서 작은 구멍으로 재빠르게 사방을 둘러보았지만 아직 보이지는 않았어요. 잠시 후 두 날개를 치켜들어 V자 형으로 활공하는 검독수리가 시야에 들어왔어요. 날개 길이만 2미터가 넘었어요. 망원 렌즈를 단 카메라로 보니 머리에서 목 뒤쪽으로 이어지는 부분은 검독수리 상징인 황갈색 깃이 뚜렷했어요. 끝이 아래로 구부러진 커다란 부리도 인상적이고요. 갈퀴처럼 날카로운 발톱으로 커다란 타르박(설치류의 일종)까지 움켜쥐고 있었어요. 위용 넘치는 검독수리의 비행 모습은 실제로 처음 보았어요. 우리나라에서도 겨울이면 드물게 검독수리를 볼 수 있지만 대부분 어린 새였어요.

시야가 탁 트인 몽골에서는 '하늘의 지존' 검독수리의 비행을 한참 동안 지켜볼 수 있었어요. 카메라에 달린 초망원 렌즈가 화각이 좁은 편이라 움직이는 피사체를 따라다니기 쉽지 않았지만 이번에는 활강하는 새의 비행 궤적을 잘 쫓을 수 있었어요.

검독수리는 둥지 맞은편 넓은 계곡 위로 날고 있었어요. 커다란 날개를 활짝 편 채 주위를 둘러보며 여유롭게 날던 새가 갑자기 하늘로 솟구쳐 오르며 예상 궤도를 벗어났어요. '앗!' 하고 놀라는 순간 새는 이미 카메라의 뷰파인더에서 사라졌어요. 당황해서 카메라를 급히 둥지로 돌렸어요. 이미 둥지에 어미가 내려앉아 있었고 어린 새는 먹이를 물어뜯고 있었어요.

사냥을 마치고 귀환하는 검독수리의 모습을 카메라에 생생하게 담고 있다는 흥분이 사라지고 결정적 장면을 놓쳤다는 자책감이 밀려들었어요. 우리나라에서 번식 중인 새를 찍을 때는 둥지 위 어린 새에 카메라 초점을 맞추고 날아드는 어미 새를 기다리는 경우가 대부분이었어요. 우리나라는 산이 많은 데다 둥지 주변에 있는 커다란 나무가 시야를 가리는 경우가 많지만 몽골에서는 둥지로 날아드는 새를 한눈에 볼 수 있는 장점이 있어요.

어린 새에게 먹이를 물어다 주는 검독수리를 카메라에 담을 수 있다는 기대를 안고 몽골까지 왔는데, 귀한 기회를 놓쳐 버린 거였어요! 멋지게 찍겠다는 욕심이 오히려 화를 부른 격이었어요. 그날 숙소에서 일행이 서로 멋진 장면을 포착한 사진을 자랑하며 숨 막히는 무용담을 늘어놓을 때 말없이 듣고만 있었어요.

다음 날 일행은 군갈루트 습지 주변 물새 둥지를 둘러본다고 나섰어요. 나는 홀로 다시 검독수리 둥지로 가 어미를 기다려 보겠다고 했어요. 다들

어제 잡아 온 사냥감이 새끼 배를 채우기 충분하니 아마도 어미 새는 당분간 둥지로 다시 날아오지 않을 거라고 말렸지만 포기할 수 없었어요.

해가 뜨기 전 새벽, 무거운 장비를 챙겨 혼자 캄캄한 바위산에 올랐어요. 밤새 위장 텐트와 카메라 장비를 다시 잘 챙긴다고 했는데, 새벽에 차에서 내리면서 삼각대는 깜빡 잊었어요. 커다란 렌즈가 무거워 손에 들고 사진을 찍기는 어려운 일이라 없는 대로 매고 온 배낭 위에 렌즈를 올려놓고 찍어야 할 형편이었죠. 해가 뜨자마자 역시 텐트 안은 온실처럼 금방 달궈져 뜨거웠어요. 순식간에 온몸에 땀이 흐를 정도였어요. 땀을 뻘뻘 흘려 웃옷도 벗고 있었는데 그러기도 잠시, 해가 구름에 가리니 텐트 안 기온이 뚝

떨어졌어요. 갑자기 돌풍까지 불어서 한기가 느껴질 정도였어요. 여벌로 챙겨 간 겨울 점퍼를 급히 껴입었어요.

동료들과 떨어져 혼자 있으니 왠지 불안하기까지 했어요. 어미가 다시 나타날까 걱정도 됐죠. 다행히 불안은 오래가지 않았어요. 어제 어미가 둥지로 날아왔을 때와 비슷한 때인 이른 오전, 어린 새가 역시 신호를 줬어요. 웅크리고 있던 둥지에서 벌떡 일어서더니 날개를 퍼덕이며 큰 소리를 내기 시작했어요. 둥지 위로 날아오르듯 껑충껑충 뛰는 어린 새는 어제보다 더 보채는 것 같았어요. 어미 새가 곧 날아올 거라는 확신이 들었어요. 이번에 또 욕심을 부려 기회를 놓칠 수 없었어요. 실수를 반복하지 않으려고 카메라를 둥지로 돌려 어린 새에게 카메라 초점을 단단히 고정했어요. 한쪽 눈에 어미 새의 비행 모습이 계속 들어왔지만 욕심을 내지 않고 참았어요.

어제보다 시간을 더 끈다고 느낄 무렵, 둥지 뒤 절벽에서 시커먼 물체가 확 솟구쳐 올랐어요. 순식간이었죠.

"촤르르륵, 촤르르륵."

한 발에 커다란 타르박을 움켜쥔 검독수리가 둥지로 날아들었어요. 사진처럼.

검독수리(천연기념물 제243호, 멸종위기 야생생물 1급)가 한 발에 타르박(몽골 마르모트)을 움켜쥔 채 새끼가 있는 둥지로 쏜살같이 날아들고 있다. 몸은 어두운 갈색이고, 머리와 목덜미는 금빛이 도는 황갈색이다. 절벽이나 외진 나무에 둥지를 만들어 번식한다. 토끼, 다람쥐, 뱀을 비롯해 여우나 산양 같은 대형 포유류를 먹이로 삼는다. 이름을 두고 대머리를 뜻하는 검'독'수리로 불러선 안 되며, 검수리나 영어식 이름 '골든이글'처럼 '금수리'로 불러야 한다는 주장이 있다.

Canon EOS 1DX F/ 1/1000s ISO:400 렌즈:600mm

3. 쇠재두루미의 헤진 날개

    2013년 여름, 러시아제 승합차인 푸르공을 타고 몽골 초원을 달렸어요. 목적지는 바가 가즈링 촐루. 우리 말로는 '돌이 많은 작은 산'이라는 뜻을 가진 마을이에요. 초원에서 보기 드물게 동글동글한 모양의 화강암들이 모여 있어서 풍경이 독특하고 다양한 야생 동물을 볼 수 있는 곳이에요. 몽골의 수도 울란바토르에서 서남쪽으로 난 울퉁불퉁한 비포장 길을 따라 일곱 시간 이상 달려야 도착할 수 있는 곳이에요. 거리는 3백 킬로미터 정도였지만, 도로 사정이 좋지 않아 온종일 걸리는 여정이었어요.

뽀얀 먼지를 내며 덜컹덜컹 초원길을 달리는데 누군가 차창 밖으로 새를 발견하고 급히 차를 세웠어요. 흐린 하늘로 쇠재두루미 20여 마리가 무리를 지어 V자 대형으로 날고 있었어요. 망망대해 같은 초원을 달리던 자동차와 때마침 하늘을 가로지르는 새의 만남은 지극히 우연이면서 다른 한편으로는 운명적 순간이기도 했어요. 우리나라에서는 쉽게 만날 수 없는 새라 더 반가웠지만 차를 세웠을 때는 이미 차에서 멀어져 날고 있었어요. 급히 카메라를 들어 인증샷 몇 컷 찍는 것으로 만족할 수밖에 없었어요. 다시 차에 올랐어요. 가야 할 길이 멀어 마음이 바빴어요.

아쉬운 마음을 접고 다시 덜컹거리는 차 안에서 찍은 사진을 보니 쇠재두루미 날개 상태가 말이 아니었어요. 카메라 LCD 창으로 쇠재두루미 날개 부분을 확대해 보니 날개 깃털이 듬성듬성 빠져 있었어요. 마치 여기저기 찢기고 구멍이 난 것처럼 보일 정도였죠. 날개 가장자리는 닳아 너덜너덜한 상태였어요.

거센 바람을 헤치며 얼마나 힘겨운 비행을 했으면 날개 상태가 이 지경까지 이르렀는지, 정상적으로 하늘을 날 수 있다는 게 신기할 정도였어요. 해마다 삶과 번식을 위해 멀고 험한 여정을 떠나는 쇠재두루미의 고달픈 여정이 헤진 날개에 오롯이 담겨 있었어요.

쇠재두루미는 해마다 두 번씩 '세계의 지붕'이라 불리는 히말라야산맥

바람과 세월에 시달려 날개 깃털이 군데군데 빠지고 헤진 쇠재두루미가 무리를 지어 몽골 초원 위를 날고 있다.

Canon EOS 5D Mark VI f/22 1/1600s ISO1000 렌즈:24-70mm

을 넘어야만 해요. 이들이 가는 길은 지구상에서 가장 험한 경로로 숱한 어려움을 겪어야 해서 '히말라야 공중 피난길'로 알려져 있을 정도예요.

몽골 대초원에서 번식을 마친 쇠재두루미는 겨울이 오기 전 추위를 피해 피난을 가야 해요. 인도와 파키스탄 같은 따뜻한 남쪽으로 이동하죠. 하지만 해발 8천 미터가 넘는 봉우리가 즐비한 거대한 산맥이 이들의 이동 길목을 가로막고 있어요.

두루미들은 높은 고도로 날아 이동하려는 본능을 가지고 있다고 해요. 높은 산맥에서 형성되는 상승 기류를 타게 되면 힘을 절약하며 날 수 있어요. 하지만 히말라야를 넘어가야 할 때는 커다란 위험을 감수해야만 해요.

산이 워낙 높아 산소가 부족한 데다 영하 40도 아래까지 기온이 떨어지고 높은 산을 지날 때 감당하기 힘든 난기류를 만나는 경우도 많아요. 산을 넘기 위해 강풍과 눈보라를 뚫고 높이 날아올랐다가도 거센 기류에 밀려 다시 되돌아와야 하기도 하죠. 험난한 여정에 나선 두루미 중 많은 개체가 위험한 피난 비행에서 목숨을 잃는답니다.

때마침 불어온 상승 기류를 타고 천신만고 끝에 히말라야를 넘었다고 해서 고생길이 끝나는 것은 아니에요. 산 건너편에는 저승사자처럼 이들을 노리는 검독수리가 기다리고 있어요.

장시간 비행과 거센 기류에 지친 무리에서 특히 어린 새들이 검독수리의 표적이기 십상이에요. 고향의 살인적인 추위를 피해 나선 히말라야 피난길이 이들의 마지막 비행이 될 수도 있는 셈이죠.

한번은 알을 품던 쇠재두루미를 만나기도 했어요. 귀한 둥지가 도로 바로 옆에 있었죠. 몽골 초원을 가로지르는 비포장도로였는데 울란바토르에서 멀지 않아 차량이 꽤 빈번한 곳이었어요. 둥지 옆을 지나던 차 소리에 놀랐는지 도로 옆에서 어미가 갑자기 날아올랐어요.

죽을힘을 다해 히말라야를 넘어온 쇠재두루미가 몽골 초원 지대 한복판에 낳은 알 두 개가 덩그러니 놓여 있다.

차에서 내려 살펴보니, 어미가 주저앉아 약간 눌린 자국이 있는 땅바닥에 알 두 개가 덩그러니 놓여 있었어요. 둥지를 가릴 만큼 초목이 자라지 않아 알을 쉽게 찾을 수 있었어요.

둥지 재료가 변변치 않은지 알이 흩어지지 않게 주워 놓은 작은 돌 몇 개가 보금자리의 전부였어요. 둥지 근처 초원에는 풀을 먹이기 위해 풀어 놓은 염소와 양이 많아서 가축 발에 알이 밟히지는 않을까 걱정됐어요. 날개가 다 헤질 만큼 힘들게 날갯짓을 하며 죽음의 이동길 히말라야를 넘어와 품은 소중한 생명이잖아요.

거친 야생에서 어미는 오로지 자신의 몸뚱이와 체온만으로 알을 품고 새끼를 기르고 있었어요. 마침 폭풍 같은 바람과 함께 날이 어두워지면서 곧 소나기가 퍼부을 태세였어요.

차 소리에 놀라 둥지에서 쫓겨난 쇠재두루미는 갑자기 들이닥친 사람들을 멀찌감치 떨어져 보고 있었어요. 기다란 목을 들어 둥지를 쳐다보는 쇠재두루미의 눈빛을 이해한 일행은 서둘러 둥지를 떠나야 했어요.

쇠재두루미와 인연은 2년 뒤 러시아 알타이공화국 코쉬-아가츠로 이어졌어요. 이번에는 초원으로 나들이를 나온 가족을 만났어요. 이동식 목축을 하는 민가 근처를 지나는 길이었어요. 부화한 지 한 달쯤된 어린 새 두 마리는 화려한 깃털을 가진 부모와 달리 뽀송뽀송한 솜털이 그대로였어요. 앞으로 두 달은 더 지나야 스스로 날 수 있을 듯 보였어요. 두루미과 새 중에 가장 작은 편인 쇠재두루미지만 키가 1미터나 됐어요. 회색 털을 가진 어미는 뺨과 목이 검고 가슴에는 검은 깃털이 길게 늘어져 있어요. 끝이 연한 주황색인 노란색 부리에 눈 옆에는 하얀색 귀깃이 길게 늘어져 있었죠. 바람에 귀깃이 휘날릴 때는 하얀 눈썹을 가진 산신령 같아요. 목도리 같은 가슴의 검은 털이 날리면 초원을 거니는 어여쁜 여인처럼 우아하게 보이고요.

민가 근처에서 풀을 뜯던 말과 염소가 어린 새 쪽으로 다가올 때마다 쇠재두루미 부부는 몸으로 앞을 막아서며 가까이 오지 말라는 듯 큰 소리를 냈어요. 상황이 더 급할 땐 어린 새를 데리고 급히 자리를 옮기기도 하면서요. 아직 키가 작은 새끼들은 머리를 어미 가슴에 바짝 밀착시켜 함께 종종걸음을 치듯 덩치 큰 동물들로부터 도망쳤어요. 품에 안기듯 간격을 좁히는 일은 장거리 여행길에 서로 자리를 바꿔 가며 날아 바람의 거센 저항을 나누어 견딜 때와 같아요. 천적 검독수리를 만나도 비행 대오를 단단히 하고 가족 간의 간격을 좁혀 위험을 피하는 것처럼요.

질 좋은 풀이 가득한 초원에서 쇠재두루미 가족은 열심히 먹이를 찾고

러시아 알타이공화국에서 만난 쇠재두루미 가족은 아직 날지 못하는 어린 새를 데리고 있었다. 쇠재두루미는 키 90cm 내외로 두루미과 새 중 덩치가 가장 작다. 얼굴에서 가슴까지 검은색이며 목 아래로 검은 깃털이 아래로 길게 늘어져 있고, 산신령 눈썹처럼 눈 주위에 기다란 흰색 귀깃이 있다. 몽골과 중국 초원 지대에서 번식하는 개체는 번식과 월동을 위해 히말라야산맥을 넘어 다니는 것으로 알려져 있다.

Canon EOS 1DX F/5.6 1/2000s ISO:800 렌즈:600mm

있었어요. 따뜻한 번식지에서 지낼 수 있는 시간은 길어야 앞으로 서너 달. 멀고 험한 이동을 해야 하는 쇠재두루미 가족에게 여름은 짧기만 해요. 8월 말이면 다른 가족과 함께 큰 무리를 지어 이동을 한답니다. 따뜻한 남쪽 월동지를 향해서.

히말라야를 넘어가는 훈련이라도 하는 걸까? 몽골 대초원에서 쇠재두루미가 때마침 불어오는 바람을 타고 무리를 지어 날고 있다.
Canon EOS 1DX F/14 1/1000s ISO:100 렌즈:600mm

4. 아득한 절벽 위의 생존

30년도 더 된 러시아제 승합차에 몸을 실었어요.

모양이 꼭 썰기 전 식빵 같다고 해 일명 '빵차'라고 불려요. 튼튼하고 힘이 좋아서 짐을 가득 실어도 험난한 비포장도로를 거침없이 달린답니다. 잔 고장이 거의 없지만 혹시 운행 중에 차가 멈추면 손 연장만으로 수리가 가능해요. 차량에 전자 장비가 전혀 없어 시베리아나 몽골 초원처럼 오지 지역으로 끌고 다니기 제격입니다. 결정적 단점은? 차를 만들 때 사람이 탄다는 걸 깜빡 잊은 것 같아요. 창문을 여닫기 여간 불편한 게 아니고 딱딱한

알타이 원정대원들이 운행 중 고장 난 러시아제 미니버스 UAZ-2206(일명 빵차)를 수리하고 있다.

의자에 편안한 승차감 같은 건 기대하기 어려워요. 길이 조금만 울퉁불퉁하면 차 천장에 부딪히는 머리를 걱정해야 할 지경이었어요. 냉방 장치가 없는 데다 차 내부로 돌출된 엔진룸이 열을 뿜어내 여름날 차 안에서는 찜통 더위를 각오해야 하죠.

몇 해 전 여름, 빵차를 타고 24일 동안 러시아 시베리아 지역과 알타이공화국 맹금류 번식지를 찾아 3천 8백여 킬로미터를 내달렸습니다. 그곳은 여름 번식 철이었고 국내에서 사라진 검독수리와 흰꼬리수리, 흰죽지수리, 초원수리, 항라머리검독수리 같은 대형 수리류의 번식 모습과 둥지를 만날 수 있었어요. 오랫동안 시베리아와 알타이 지역의 맹금류 조사를 해오던 전문가들이 함께했습니다.

빵차가 거친 엔진 소리를 내며 가파른 민둥산을 올랐어요. 알타이공화국 소도시 코쉬-아가츠를 출발해 하늘에 닿을 듯 끝없이 펼쳐진 알타이 고원 지대를 달린 지 30여 분, 빵차가 멈춰 섰어요. 알타이 지역 험지를 거뜬히 누빌 만큼 강력한 사륜구동 엔진을 장착한 차량으로도 더 갈 수 없는 길이 나왔어요.

'시베리아 에코 센터' 엘비라 대표와 조류 연구가 레나 슈나이더가 차에서 내려 GPS를 꺼내 들고 앞장섰어요. 나머지 일행은 커다란 망원 렌즈가 달린 카메라를 짊어지고 따라갔죠. 칼처럼 날카로운 능선을 따라 좁디좁은 비탈길이 아슬아슬 이어졌어요. 발을 디딜 때마다 길옆으로 흙이 무너지면서 절벽 아래로 흘러내리기도 했어요. 갈수록 경사는 더 급해지고, 능선을 따라 난 비탈길은 두 발을 디딜 여유가 없을 만큼 좁아졌어요. 한참을 걷다 엘비라의 지시로 잔뜩 몸을 낮춰 조심스럽게 접근하니 산모퉁이 너머 멀리 독수리 둥지가 눈에 들어왔어요. 커다란 바위 언덕이 성벽처럼 둘러막고 있는 둥지에 어미 독수리가 어린 새를 품고 있어요. 둥지 너머로는 깎아지를 듯한 절벽이 있어 땅에서 접근이 어려운 천혜의 요새처럼 보였어요. 풀 한 포기 보이지 않는 아득한 절벽 아래로 짙푸른 강물이 요란스럽게 흐르고 있고요.

바위 절벽 위 둥지는 어미가 마른 나뭇가지를 물어 와 차곡차곡 포개서 쌓아 놓았어요. 척박한 땅 위로 메마른 바람 소리만 들리는 이곳이 멸종 위기종을 위한 최후의 보루인 셈이죠. 둥지로 이어진 능선을 따라가니 이 지역에서도 보기 힘든 알타이 아르갈(야생 양의 일종)의 배설물이 여기저기 눈에 띄었어요. 생존을 위해 세상의 끝자락까지 쫓겨난 독수리와 알타이 아르갈이 여름에도 냉기를 품은 바람을 온몸으로 함께 견디고 있는 것 같았어요.

어미가 둥지에서 나가자마자 산모퉁이를 크게 돌아 둥지로 접근했어요. 사람을 보고 놀란 어린 독수리는 순한 애처럼 머리를 둥지에 처박은 채 꼼

짝도 하지 않았어요. 죽은 동물의 사체를 먹고 살아 '자연의 청소부'로 불리는 독수리는 다른 맹금류에 비해 겁이 많고 성격도 온순해 보였어요. 둥지는 멀리서 봤을 때보다 훨씬 커 지름이 족히 2미터가 넘었어요. 높이도 3미터나 돼요. 해마다 나뭇가지를 겹겹이 포개서 쌓아올리며 둥지를 수리해서 쓰고 있었어요. 사람 서넛이 올라가도 될 만큼 튼튼해 보였어요. 주변에 풀 한 포기 찾아보기 힘든 불모의 땅 알타이에서 독수리는 얼마나 먼 곳으로부터 나뭇가지를 물어 날랐을까요.

깎아지른 절벽 위 둥지에 아직 날지 못하는 어린 독수리가 가만히 엎드려 있다.
독수리(천연기념물 제243-1호, 멸종위기 야생생물2급)는 우리나라에 찾아오는 수리 중 가장 크다. 날개의 폭이 넓고 길며 몸 전체가 검은색으로 보인다. 사냥을 못하는 대신 뛰어난 시각으로 죽은 동물을 찾아 먹는다. 날갯짓을 하지 않고 상승 기류를 타고 비행한다. 몸집이 크고 움직임이 둔해 까마귀나 까치 등에 쫓겨 다닌다.
Canon EOS 1DX F/13 1/125s ISO:1000 렌즈:24-70mm

해마다 번식 중인 독수리 둥지를 찾아다니는 연구진은 올해도 새로 태어난 개체를 찾아 가락지를 부착하는 작업을 하고 있어요. 가락지는 가벼운 플라스틱이나 알루미늄으로 만들어요. 국제적으로 약속된 색깔을 띤 가락지에 숫자를 적어 장소와 부착 주체에 대한 정보를 기록하고 있어요. 새를 연구하는 가장 오래되고 기본적인 방법으로 가락지를 통해 새의 이동 경로를 알 수 있고 번식지와 월동지는 물론 새의 수명과 건강 상태까지도 알아낼 수 있어요. 한 예로 몽골에서 날개에 인식표(윙테그)를 단 어린 독수리를 날려 보냈더니 직선 거리로 3천여 킬로미터나 떨어진 우리나라까지 날아와 겨울을 보내는 것으로 밝혀지기도 했죠.

외딴 둥지에서 가락지를 부착하는 일은 짧은 시간 동안 민첩하게 이뤄졌어요. 이 둥지가 있는 지역은 남부 시베리아와 알타이 지역 맹금류를 조사해 온 '시베리아 에코 센터'가 몇 년째 관리하고 있는 곳이었어요.

둥지로 뻗은 좁은 길을 성벽처럼 막고 있는 커다란 바위를 넘어 레나가 둥지로 올라섰어요. 먼저 머리에 쓰고 있던 모자를 벗어 웅크리고 있던 새를 덮어 주었어요. 앞이 보이지 않는 동안 새는 저항하지 않고 얌전히 있기 마련이에요.

어린 독수리에 두 개의 가락지를 채워야 했어요. 자신들이 운영하는 러시아 맹금류 보호 연구 센터의 가락지는 왼발에 달고, 모스크바 센터의 부

독수리 둥지에서 가락지 작업을 하는 러시아 조사단.
Canon EOS 1DX F/20 1/250s ISO:1000 렌즈:24-70mm

탁을 받은 가락지는 반대쪽에 부착했어요.

가락지 작업을 마치자마자 어린 새와 둥지에 대해서 몇 가지 조사를 시작했어요. 먼저 어린 새를 들어 몸무게를 측정하고 날개 길이와 몸길이, 둥지 크기를 기록했어요. 둥지 주변 새들이 뱉어 낸 팰릿도 찾아내고요. 팰릿이란 새들이 먹이를 통째로 삼킨 뒤 소화시킬 수 없어 도로 뱉어 낸 뼈와 털 뭉치로 새가 무엇을 먹었는지 알 수 있어요.

둥지에 머문 10분 남짓 동안 지대가 높은 알타이 고원의 해와 바람은 변덕스럽기 짝이 없었어요. 거센 바람에 뭉게구름이 빠른 속도로 흘러가면서 해가 구름에 가렸다가 다시 나오기를 여러 차례 반복했어요. 한겨울처럼 매서운 바람이 불어와 옷깃을 잔뜩 여며도 몸이 벌벌 떨릴 정도였어요.

일행 중 맨 마지막으로 레나가 둥지에서 나오면서 어린 독수리 시야를 가린 모자를 들어 다시 머리에 썼어요. 모자 밑에 가만히 엎드려 있던 새가 순둥이 같은 눈으로 이방인을 멀뚱멀뚱 쳐다보고 있었어요. 야외로 나갈 때마다 쓰던 레나의 챙 넓은 모자가 이렇게 요긴하게 쓰일 줄은 몰랐어요. 작업을 마쳤으니 독수리 가족이 받을 스트레스를 최소화하기 위해 신속하게 둥지를 떠나야 했어요. 사람들이 사라지면 멀리서 애타게 어린 새를 지켜보던 어미 새가 둥지로 돌아오겠죠.

조사와 촬영을 마치고 하산하는 민둥산에 알타이의 저녁 해가 길게 그림자를 드리우기 시작했어요. 빵차의 낡은 의자에 등을 깊숙이 기대고 앉은 레나는 멀리 차창 밖을 내다보고 있었어요. 봉우리마다 만년설을 이고 있는 알타이 고봉이 거친 엔진 소리가 들리는 차창 밖으로 빠르게 스쳐갔어요. 둥지에서 주운 윤택이 흐르는 독수리 날개깃이 어느새 레나의 머리에 꽂혀 있었어요. 레나의 금발과 검은색 독수리 깃이 석양에 반사되어 반짝였어요.

작업을 마치고 빵차에 탄 러시아 시베리아 연구 센터의 레나 슈나이더 박사가 창밖을 쳐다보고 있다.
EOS 1DX f/9 1/250s
ISO1000 렌즈:14mm

5. 작별 없이 떠난 먹황새를 만나다

　이 땅에서 자취를 감췄던 '텃새' 황새(천연기념물 제199호)가 다시 우리 곁으로 돌아왔어요. 1994년 러시아에서 들여와 인공 증식을 하며 시작한 황새 자연 복원이 결실을 보고 있거든요.

　역시 황새과인 먹황새(천연기념물 제200호)도 텃새였어요. 밀렵꾼 총에 희생되기 3년 전인 1968년까지 경북 안동의 낙동강 상류 절벽에서 먹황새가 마지막으로 번식했다는 기록이 있어요. 1948년 미국의 한 조류 학자가 쓴 《한국의 새》라는 책에도 먹황새에 대한 기록이 남아 있어요. 낙동강 유역

사방이 확 트인 습지에서 먹이 활동을 마친 먹황새(천연기념물 제200호, 멸종위기 야생생2물급)가 우아한 자태를 뽐내며 날고 있다. 겨울에만 드물게 우리나라를 찾는 새라 들꽃이 핀 초원에서의 만남은 너무 낯선 풍경이었다. 먹황새는 부리와 다리, 눈 주위는 붉은색이며 흰색 가슴과 배 부분을 제외하면 몸 전체가 녹색 광택을 띠는 검은색이다. 희귀한 텃새였으나 현재는 전남 함평군 대동면과 경북 내성천 등지에 매우 적은 수가 날아와 겨울을 난다.

Canon EOS 1DX F/5.6 1/2500s ISO:2500 렌즈:600mm

자작나무와 소나무 가지가 울창한 숲에서 먹황새 둥지를 찾았다. 아름드리 소나무 가지에 지은 둥지 높이는 10여 미터 정도다.

학소대라는 곳에 가면 희귀 조류인 먹황새의 둥지를 볼 수 있다고요. 책에는 4백여 년 전쯤, 조선의 대학자 퇴계 이황이 학소대 아래에서 글을 쓰고 있었을 거란 얘기와 함께 먹황새가 연중 이곳에서 서식하는 텃새라는 친절한 설명도 들어 있어요. 안동에서 사진관을 운영하던 한 사진사가 1964년 7월 학소대 절벽에 둥지를 틀고 번식하던 먹황새를 찍은 사진도 남아 있어요. 하지만 그게 마지막이었어요. 아주 오랫동안 학소대에서 번식하던 먹황새는 홀연히 우리 곁을 떠났어요. 황새와 달리 겨우 사진 한 장만 남기고 작별 인사도 없었죠.

사라졌던 황새가 다시 우리 곁으로 돌아오고 있다고 떠들썩하지만, 먹황새는 추운 겨울 바람과 함께 전해지는 목격담이 전부예요.

같은 황새과 새라도 황새와 먹황새는 서식 환경이 달라요. 황새는 주로 마을 당산나무에 둥지를 틀고 사람과 함께 살지만, 예민한 먹황새는 인적 드문 바위 절벽이나 숲에 둥지를 만들어요. 황새가 마을과 가까운 논에서 먹이를 찾는다면 먹황새는 물 맑은 얕은 개천을 좋아해요.

몇 년 전, 희귀한 맹금류를 찾아 러시아 시베리아와 알타이 지역으로 떠난 탐조 여행에서 우리와 작별도 없이 떠난 먹황새 가족과 반갑게 만났어요. 둥지가 발견된 곳은 알타이-크라이 지역에 있는 코시카 마을. 시골 마을답게 인적이 드물고 조용했어요. 시베리아의 상징인 쭉쭉 뻗은 자작나무와 소나무 숲이 울창하고, 마을 주변으로 강이 흘렀어요. 물 맑고 수심이 얕은 로하이 강에는 물고기가 많아 먹황새가 사냥하는 광경을 흔히 볼 수 있다고 했어요. 어른 허리만큼 자란 풀숲을 헤치며 마을 뒷산을 뒤졌어요. 아름드리 소나무가 빽빽한 숲 한가운데서 발견한 둥지에는 튼튼한 깔대기 모양의 부리를 가진 새끼가 네 마리나 있었어요. 뽀얀 솜털이 빠지기 시작하면서 머리와 멱, 날개 끝에 이제 막 거뭇거뭇한 깃털이 나고 있었어요. 서서히 '먹'황새의 외모를 갖춰 가고 있었죠. 덩치도 제법 자라서 지름 1.5미터 크기의 둥지가 이미 비좁아 보였어요.

어미를 기다릴 작정으로 풀숲 한가운데 위장 텐트를 설치했어요. 사람들 접근을 눈치 채고 둥지를 떠난 어미 새는 둥지 뒤 숲에서 자리를 옮기는 모습을 한 번 보이고는 곧 시야에서 사라졌어요. 다시 새가 둥지로 돌아오는 모습을 보려면 한참 꼼짝없이 숨어 있어야만 했어요. 둥지 위에 웅크리고 있던 어린 새들이 번갈아가며 커다란 부리를 쩍쩍 벌려 먹이를 재촉하는 것처럼 보였죠.

숲에 있으니 방해꾼이 많았어요. 귓전을 윙윙 울리며 연신 물어뜯는 모기와 텐트 안으로 쏟아져 들어온 이름 모를 벌레 때문에 정신을 차릴 수 없었어요. 준비해 간 모기약을 몸에 바르고, 숨이 막힐 만큼 텐트 안에 모기향을 잔뜩 피웠지만 시베리아 모기에게는 약발도 안 먹혔어요. 마른 나뭇가

회색 솜털이 빠지면서 거뭇거뭇한 깃이 나기 시작한 둥지 위 먹황새. 황새과 새는 한 둥지에 3~5개 정도의 알을 낳는데, 어미의 건강 상태와 둥지 주변에 먹이가 얼마나 풍부한지에 따라 다르다.

Canon EOS 1DX F/5.6 1/800s ISO:2000 렌즈:600mm+1.4×

지를 쌓은 넓적한 접시 모양 둥지 위 어린 새들도 모기와 날벌레가 성가셔 보였어요. 배설물과 먹이 찌꺼기에 벌레 떼가 새까맣게 꼬여 멀찍이 떨어져서도 보일 정도였어요.

별다른 해결 방법이 없는 어린 새들도 연신 고개를 흔들거나 날개를 저어 대며 귀찮은 듯 모기를 쫓고 있었어요. 방충 효과가 있는지 푸른 잎이 달린 덜 마른 소나무 가지를 어미가 둥지에 물어다 놨어요. 둥지의 새들은 또한 마리씩 교대로 서서 커다란 날개를 퍼덕거리며 모기를 쫓고 날기 위한 연습을 했어요.

먹황새는 나무가 빽빽한 시베리아의 숲 사이를 능숙한 비행 솜씨로 날아 둥지로 내려왔어요. 날개를 접으며 둥지 위로 내려앉은 어미는 부리를 벌려 어린 새를 위한 먹이를 바닥에 쏟아 냈어요. 어미 배 속에서 이미 반쯤 소화시켜 토해 낸 먹이를 보고 배고픈 새들이 득달같이 달려들었죠. 어미가 사냥한 먹이가 부족한지 아기 새들이 부리를 어미 목구멍 안으로 쑤셔 넣으며 먹이를 더 재촉하기도 했어요.

어미가 둥지로 날아오는 순간은 예상치도 못했어요. 어린 새들은 단지 둥지 바닥을 향해 고개를 처박고 있었어요. 위험을 느끼고 몸을 숨기라는 어미의 경계 신호에 반응한 것처럼요. 당시 국내에서는 황새 둥지를 볼 기회가 없어 황새과 새 둥지와 먹이 먹이기에 대한 사전 지식이 전혀 없었어

요. 어미 새가 날아오는 신호를 감지하면 먹이 받아먹기 좋은 자리를 선점하며 어미를 향해 입을 크게 벌리거나 소리를 내는 새들만 봤죠. 먹황새는 둥지 한쪽에 어미가 먹이를 게워 내는 장소가 따로 정해져 있나 봐요. 어미가 날아들기 전 둥지 위 새들은 자리싸움을 하며 먼저 좋은 자리를 선점해 머리를 둥지 바닥에 박고 있었으니까요.

아쉬운 마음에 다음 날까지 하루 더 어미를 기다려 보기로 했어요. 주민들 도움으로 마을 공터에서 야영까지 했지만 어미 먹황새를 다시 볼 수는 없었어요.

둥지로 날아온 어미가 입속의 먹이를 게워 내자 어린 새들이 정신없이 먹고 있다.
먹황새는 어느 정도 소화한 먹잇감을 어미가 뱉어 내 새끼에게 준다.

Canon EOS 1DX F/5.6 1/800s ISO:2000 렌즈:600mm+1.4×

6 카리스마 넘치는 맹금류를 찾아서

맹금을 찍는 일은 생태 사진가에게 로망으로 꼽혀요. 성격이 예민하기로 알려진 맹금류들은 평소 사람 같은 천적에게 곁을 허용하지 않지요. 시력이 뛰어나고 커다란 날개를 가지고 있어 땅에서 따라잡기도 어려워요. 날카로운 부리와 발톱, 카리스마 넘치는 눈빛만으로도 강력한 힘을 느낄 수 있어요. 예로부터 왕과 군대가 권력의 상징으로 삼기도 했죠. 놀라운 비행 기술로 나뭇가지 사이를 빠져나와 먹이를 낚아채는 사냥 솜씨를 보기라도 하면 더더욱 맹금의 매력에 빠질 수밖에 없어요. 지금은 대부분 수가 줄어 멸종 위기를 맞는 종도 있어요.

　로망을 찾아 떠났던 시베리아-알타이 원정에서 검독수리와 흰꼬리수리, 흰죽지수리, 초원수리, 항라머리검독수리 같은 대형 수리를 만났어요. 덩치나 용맹스러운 사냥 솜씨로 보면 이들은 단연 '하늘의 5대 제왕'으로 불릴 만해요. 참수리가 이들에 맞설 만하지만 원정 지역이 바다로부터 멀리 떨어져 있어 이곳에서 참수리까지 볼 수는 없었어요.

　5대 제왕 중 지존은 검독수리예요. 머리와 뒷목에 선명한 황갈색 털을 가진 검독수리는 날짐승뿐 아니라 생태계 먹이 그물에서 가장 높은 위치에 있어요. 몇 년 전 국내에서 월동 중이던 검독수리가 들판의 고라니를 공격하는 모습을 찍은 사진이 공개돼 조류 애호가들을 설레게 했었죠.

　알타이에서는 이소를 앞둔 어린 검독수리에게 인식표를 채우려다 소동이 벌어졌어요. 사람이 접근하자 어린 새가 둥지 밖으로 도망쳐 한참을 날았거든요. 이를 지켜보던 어미 새도 당황스러웠을 거예요. 다행스럽게도 동행한 전문가들이 둥지 아래 들판을 뒤져 어린 새를 다시 포획해 왔지요. 힘겹게 인식표를 단 어린 새를 다시 나무 위 둥지에 올려 주었어요.

　'초원의 강자' 흰죽지수리 둥지 옆에서 알타이의 새벽을 맞이하기도 했어요. 위장 텐트를 설치하고 밤새 숨어 있다가 아침녘 사냥을 마치고 둥지로 날아든 어미를 볼 수 있었어요. 먹이 사정이 좋았는지 맹금류 둥지에서

시베리아 에코 센터 엘비라 대표가 둥지를 조사하기 위해 직접 나무에 오르고 있다. 남편 이고르가 암벽을 타던 경험을 살려 장비를 직접 만들었다.

펼치면 10m가 넘는 접이식 사다리를 메고 긴점박이올빼미 둥지를 찾아가고 있다. 어른 키만큼 풀이 자란 숲을 헤치며 한 시간여를 헤매 둥지를 찾았지만 어린 새가 이미 이소한 뒤였다.

는 보기 드물게 두 마리 형제가 한 둥지에 함께 있었죠. 이들은 어미가 한동안 먹이를 물어오지 않자 먹다 남은 먹이를 서로 차지하기 위해 다투기도 했어요. 같은 형제끼리도 서로 먹이는 나누지 않는 맹금의 후손다웠어요. 둥지가 멀찍이 내려다보이는 나무에 앉아 있던 어미가 이런 광경을 모두 지켜보고 있었죠.

커다란 호수를 끼고 있는 소나무 숲에서는 항라머리검독수리의 둥지를 찾았어요. 인공적으로 만들어진 숲이지만 시베리아 하늘로 쭉쭉 뻗은 나무가 끝도 없이 서 있는 모습이 장관이었어요. 다 자라지 않은 항라머리검독수리는 날개와 몸통에 흰 점이 있어 Greater spotted eagle(큰점수리)이라는 영어 이름을 갖고 있어요. 국내에서는 겨울철에 볼 수 있지만 어른 새는 거의 없고 유조만 관찰되는 편이죠.

시베리아 중앙에 위치한 도시 노보시비리스크의 오비강에서 봤던 흰꼬리수리와는 국내에서도 인연이 이어졌어요. 청둥오리 사냥을 멋지게 성공한 흰꼬리수리를 강원도 철원에서 만나기도 했어요. 하얀 꽁지깃 가장자리에 아직 거뭇거뭇한 깃털이 남아 있는 새였죠. 아직 어른이 되기 전인데도 멋진 사냥 솜씨를 가지고 있어 놀라웠어요. 노보시비리스크에서 흰꼬리수리 둥지는 강변의 미루나무에 있었어요. 강을 따라 줄지어 서 있는 미루나무에서 마침 하얀 꽃가루가 눈처럼 날렸어요. 꼬리가 눈부시게 흰 어른 흰꼬리수리가 푸른 하늘을 가득 덮은 꽃가루 사이를 날며 둥지로 접근하는 사람들을 지켜봤어요.

초원수리는 특히 더 예민한 맹금류로 기억해요. 여러 곳에서 둥지를 찾았는데, 주변이 확 트여 있는 곳이 대부분이었어요. 촬영을 위해 몸을 숨길 만한 곳이 마땅치 않아 애를 먹었어요. 시력이 뛰어난 초원수리의 감시를 피해 몰래 숨어 둥지에 접근하기 쉽지 않았죠.

알타이 맹금류 원정은 참여 결정을 늦게 하는 바람에 동참부터 순조롭지 않았어요. 번식기에 둥지를 찾아다니며 조사하는 일이 조심스러울 수밖에 없는 터라 원정대는 쉽사리 인원을 늘릴 수 없었어요.

나중에 어렵게 허가를 받아 노련한 두 명의 새 사진가와 시베리아 맹금류 전문가와 함께한 원정에 가까스로 참여할 수 있었어요.

고생은 어느 정도 각오했어도 시베리아와 알타이에서 직접 겪은 야생 생활은 힘들고 거칠었어요. 이곳의 짧은 여름은 야생 조류뿐 아니라 온갖 곤충과 식물에게도 중요한 계절이라고 해요. 모든 생물이 서로 경쟁하면서 폭발적으로 번식에 나서고 있었어요. 시내에서도 연신 날아드는 날벌레나 모기를 쫓아내야 할 정도였거든요. 해가 져 모기의 천적인 잠자리가 날개를 접으면 이곳은 온통 모기를 비롯한 날벌레들 세상으로 바뀌었어요. 미리 준비해 간 국산 모기향과 모기 기피제는 전혀 소용이 없었어요. 모기가

가파른 민둥산을 한 시간 넘게 등산한 끝에 레나 박사가 초원수리 둥지에 도착했다.
날개 끝에 이제 막 검은 깃이 나기 시작한 어린 새를 직접 들며 무게를 가늠하고 있다.

양말과 장갑은 물론 두꺼운 겉옷마저 뚫고 달려들었어요. 새에 대한 열정은 모기에게 빨린 피의 양에 비례하여 식어 가는 듯했어요. 러시아 모기는 유독 멀리서 원정을 온 한국 사람들을 더 괴롭혔죠. 오비강 주변에서 흰꼬리수리와 솔개 둥지를 촬영할 때는 모기떼가 득달같이 달려들어 서로 대화조차 불가능할 지경이었어요.

평소 야영이 익숙하지 않은데 러시아제 중고 텐트로 잠자리를 마련하는 일도 고역이었어요. 도시를 조금이라도 벗어나면 제대로 된 숙소는 전혀 없어요. 대부분 초원이나 숲에서 야영을 해야 했죠. 또 고도가 높은 산 정상 부근에서 머물 때는 밤새 기온이 뚝 떨어져 한여름인데도 눈이 내렸어요. 한겨울 추위까지는 미리 대비하지 못한 원정 대원들은 밤새 텐트 안에서 추위에 떨어야 했어요.

알타이공화국은 우리나라와 면적이 비슷해요. 20여 일 동안 둘러보기에는 시간이 부족한 편이었죠. 첫 원정이라 출발지 시베리아를 비롯해 한 군데라도 더 가 보고 싶은 욕심이 앞서 일정이 빠듯했어요. 좀 더 시간을 들여서 세심하게 진행했어야 할 사진 작업이 많았는데 말이죠. 그래서 다시 꿈꾸고 있어요.

볼 때마다 가슴을 뛰게 만드는 이들을 국내에서는 점점 만나보기 어렵기 때문이에요. 두 번째 원정! 당연히 떠나야죠. 나의 로망을 찾으러.

시베리아 원정 기간이 여름이었지만 고원 지대에 있는 낀득 트꿀 호수 주변에서 야영 중 눈이 내리기도 했다.

Canon EOS 1DX F/20 1/100s ISO:100 렌즈:24-70mm

로망을 찾아 떠났던 시베리아-알타이 원정 막바지쯤 밤하늘에 푸른 은하수가 흘렀다. 말르이 바쉬락(러시아 알타이 서부 지역)에서 하늘의 지존 검독수리 둥지를 조사하고 야영 중이었다. 마침 하늘에서 떨어지는 별똥별을 보며 소원을 빌었다. '다시 이곳에 올 수 있게 해 주세요.'

Canon EOS 1DX F/2.8 40s ISO:2500 렌즈:14mm